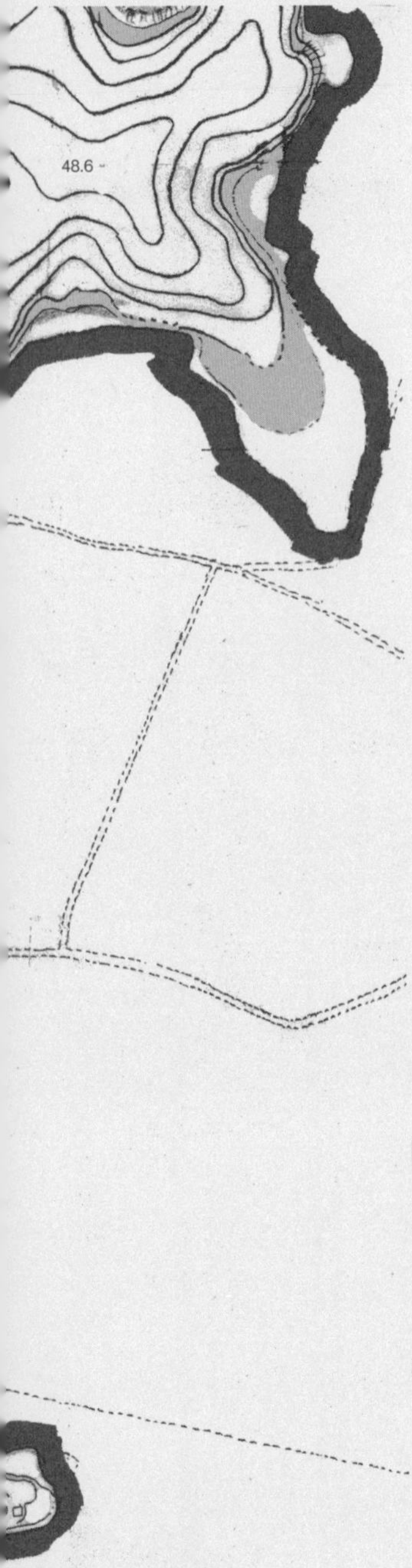

図１　和歌浦地域の古代地形（推定復原）
（国土基本図をもとに著者作成）
はじめに、本文 7・8・10・17・37 頁参照
＊数字は海抜m
山部実線は海抜 10m から 10m 単位
破線は道、川筋等の現地形。

（中世玉津島道）
3m（推定）
（近世和歌道）
片葉芦
この破線は
海抜 3m
この線は
海抜 2 m
（東照宮）
（天満宮）
和
田
坪
和
5～6m生活面
中
坪
明
光
坪
4m
2M
2m
玉津
津
屋
この線は
海抜 4 ～ 6m
この線は
海抜 2m
68.1
17.9
28.1
31.5
38.1
34.6
N
0
50
100
200m

写真１　明治 40 年（1907）頃の奠供山《てんぐさん》（南面）（はじめに、本文６頁）
岡村宗助氏撮影（岡村宗彰氏蔵、紙焼提供松原時夫氏）。
著者編『和歌の浦百景』（東方出版、1993 年）掲載。

写真２　玉津島神社正面（東向）、後（西）に奠供山
2019 年４月著者撮影（はじめに、本文 142 頁）

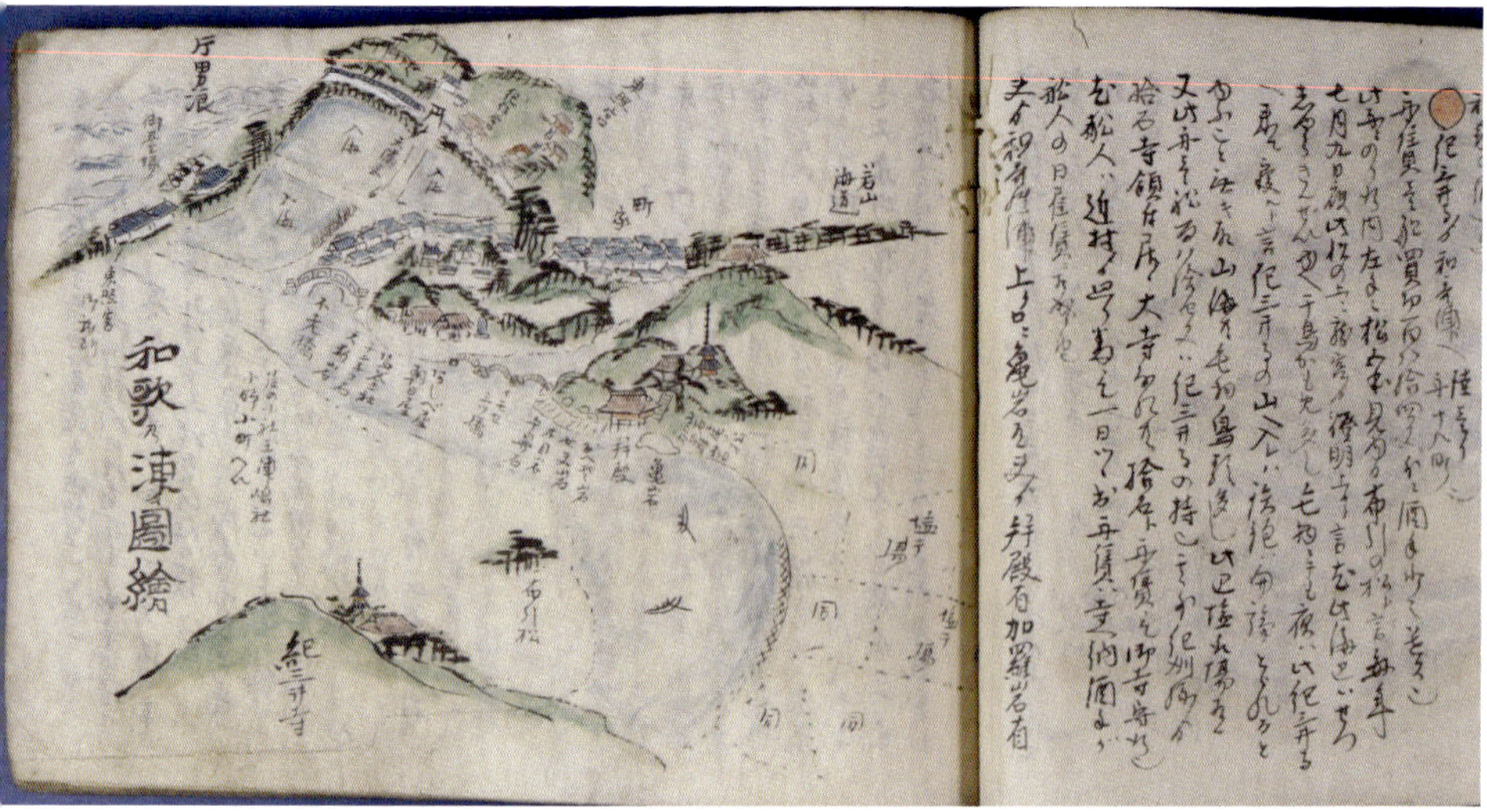

図２『西国巡礼道中笑草』の一部
福富半兵衛筆　文久３年（1863）（本文 115 頁）
和歌山大学紀州経済史文化史研究所蔵　同所図録『紀州地域と西国巡礼』掲載。

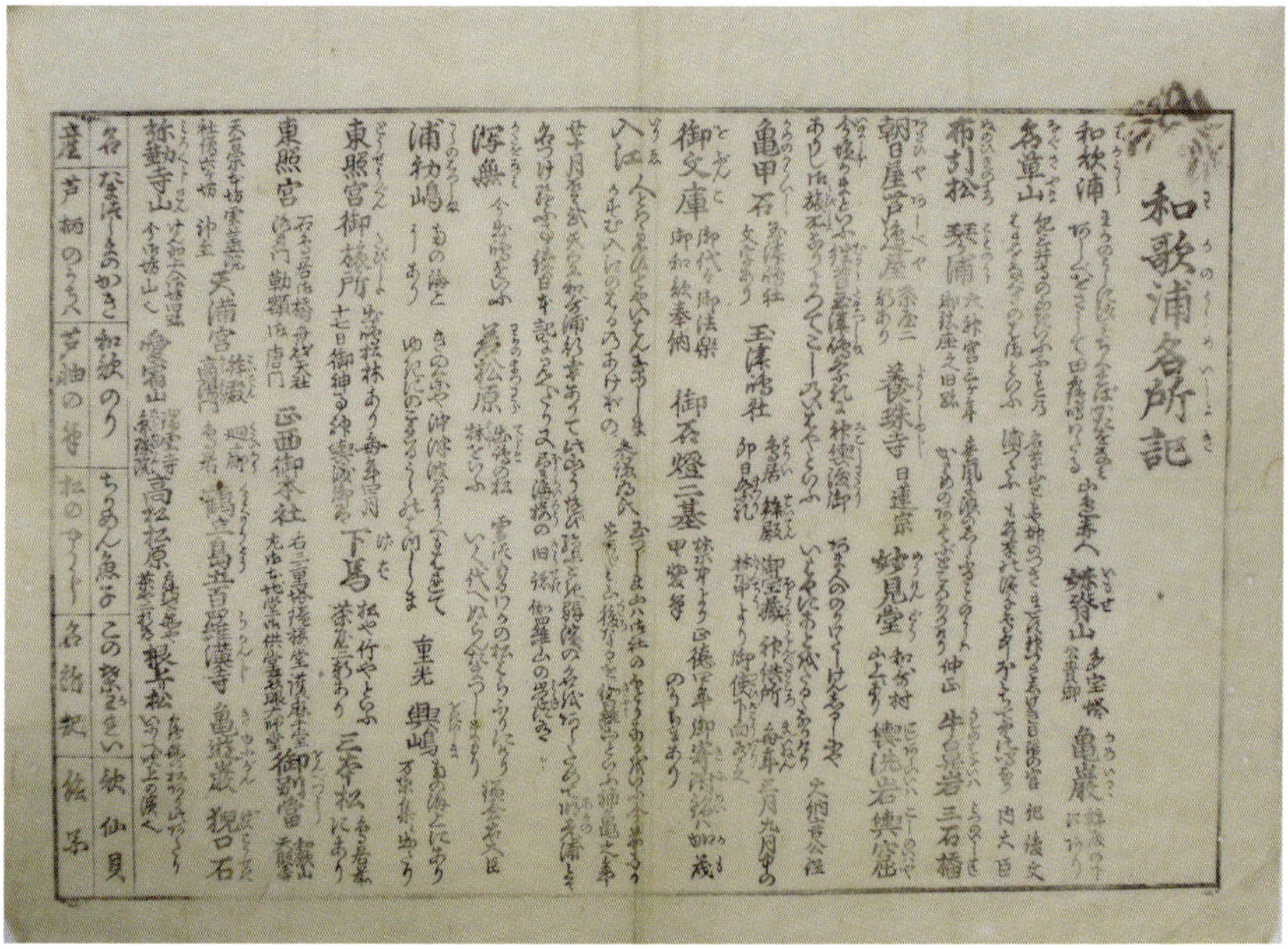

図３「和歌浦名所記」刷り物
18 世紀後半～19 世紀前半
和歌山市立博物館蔵　漢字ふり仮名あり（本文 118 頁）

図４「東照宮縁起絵巻」第五巻
住吉如慶筆　正保３年（1646）紀州東照宮蔵（本文120・121頁）

鏡山（輿の窟）　　玉津島社

図5「和歌の浦図」（名古屋城本丸対面所襖絵）

図6「和歌浦図屏風」2曲1双

図7「若浦図巻」（部分）

紀三井寺とその周辺　　布引松原、古紀ノ川右岸津屋

狩野甚之丞筆　慶長19年（1614）
名古屋城管理事務所蔵
障壁画4面の内、西面襖絵4枚
（本文41・46・119頁）

作者不詳　万治3～寛文11年（1660～71）
和歌山市立博物館蔵
（はじめに、本文126・136頁）

桑山玉洲筆　天明2年（1782）　個人蔵
巻子題簽に「南紀若浦図」、巻末に「玉津嶋漁人桑嗣燦」
（はじめに、本文122・126・127・138頁）

図8「和歌浦図屛風」6曲1双
作者不詳　17世紀前半
和歌山大学紀州経済史文化史研究所蔵（本文125頁）

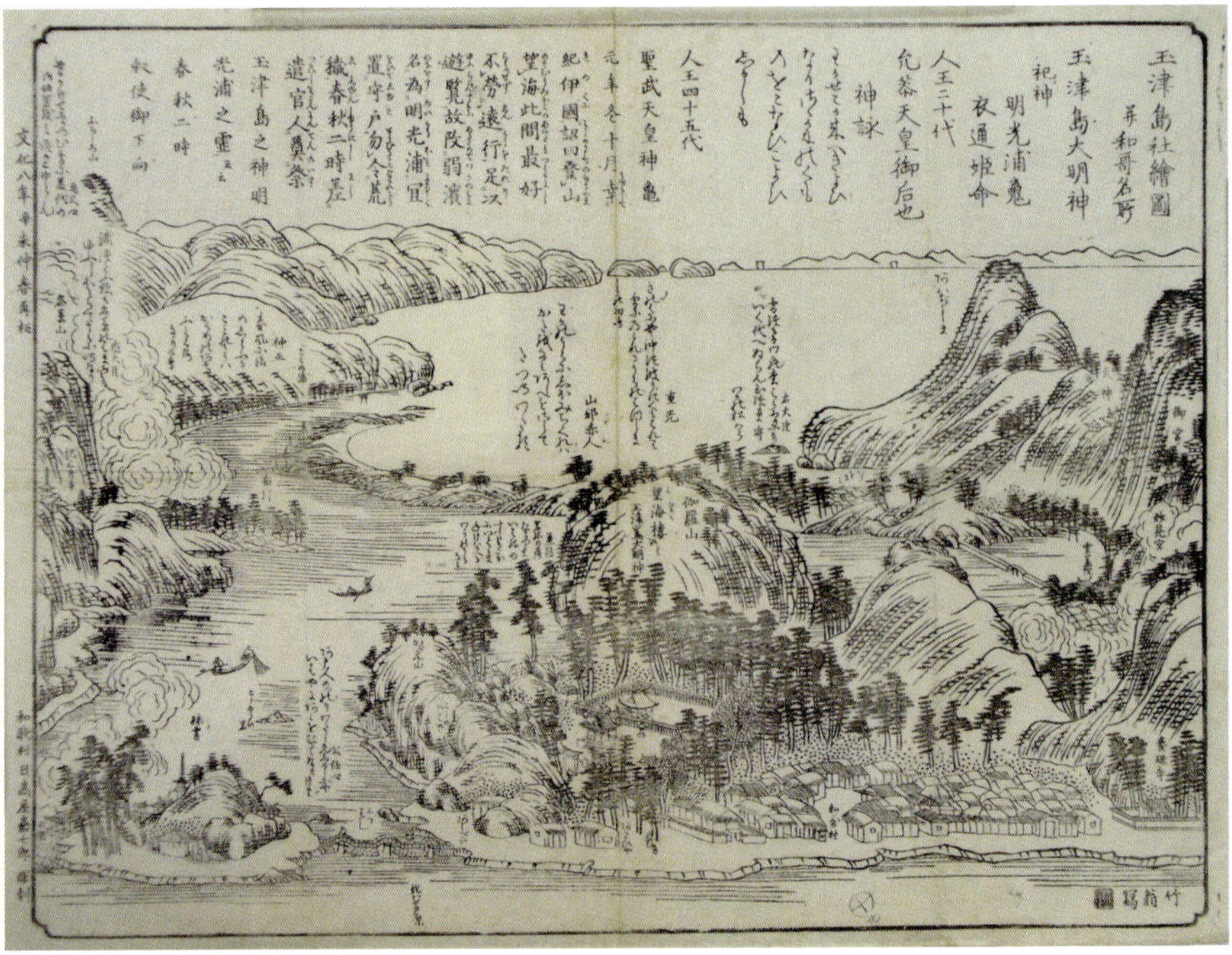

図9「玉津島社絵図并和歌名所」刷り物
竹翁作　文化8年（1811）再版　和歌村日高屋嘉七郎彫刻
和歌山市立博物館蔵　版木は玉津島神社蔵（はじめに、本文118・136～138頁）

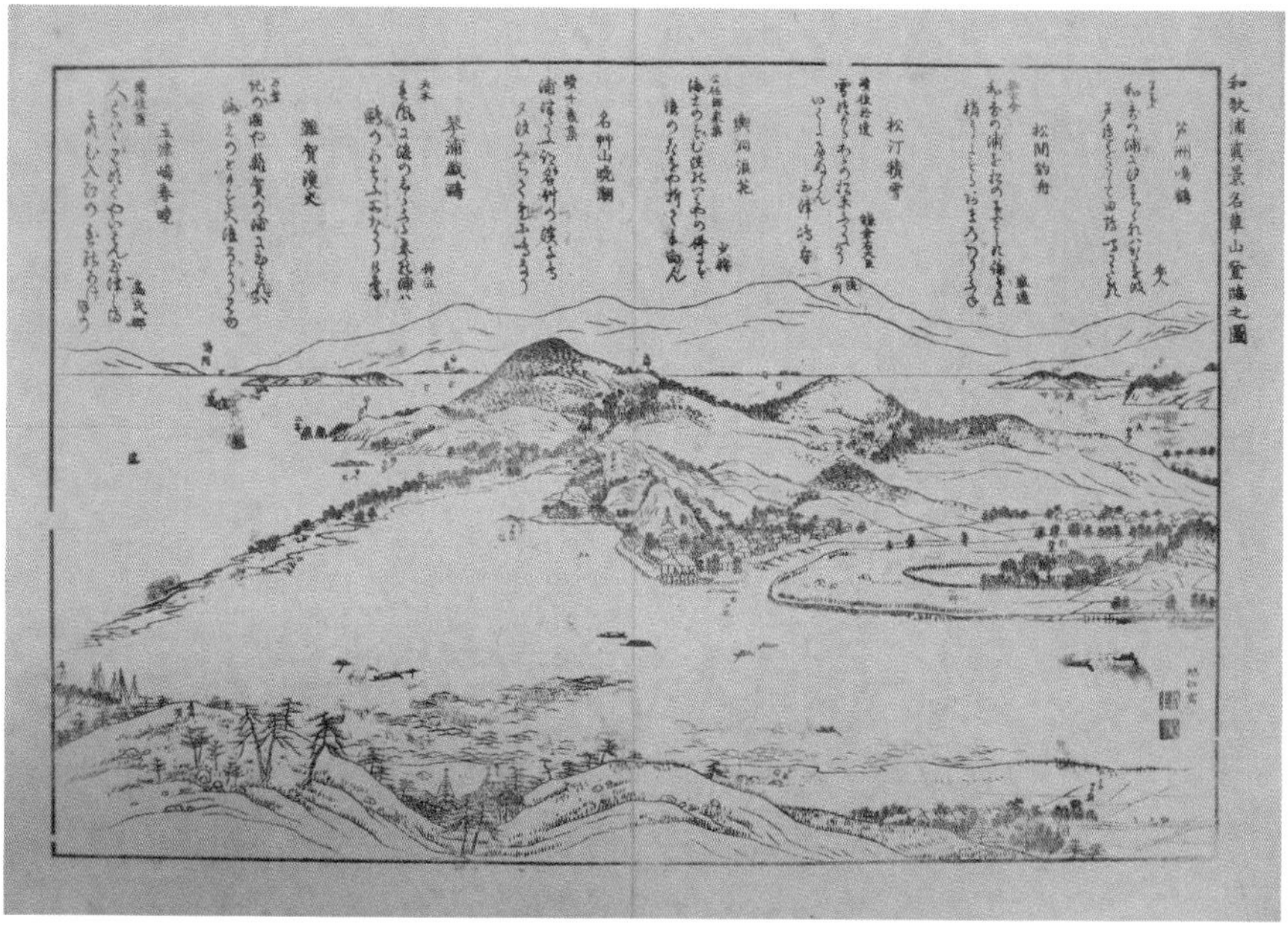

図 10「和歌浦真景名草山登臨之図」刷り物
淵上旭江画　嘉永 4 年（1851）以前　和歌山市立博物館蔵
旭江は寛政 6 年（1794）より大坂に居住（本文 118・123 頁）

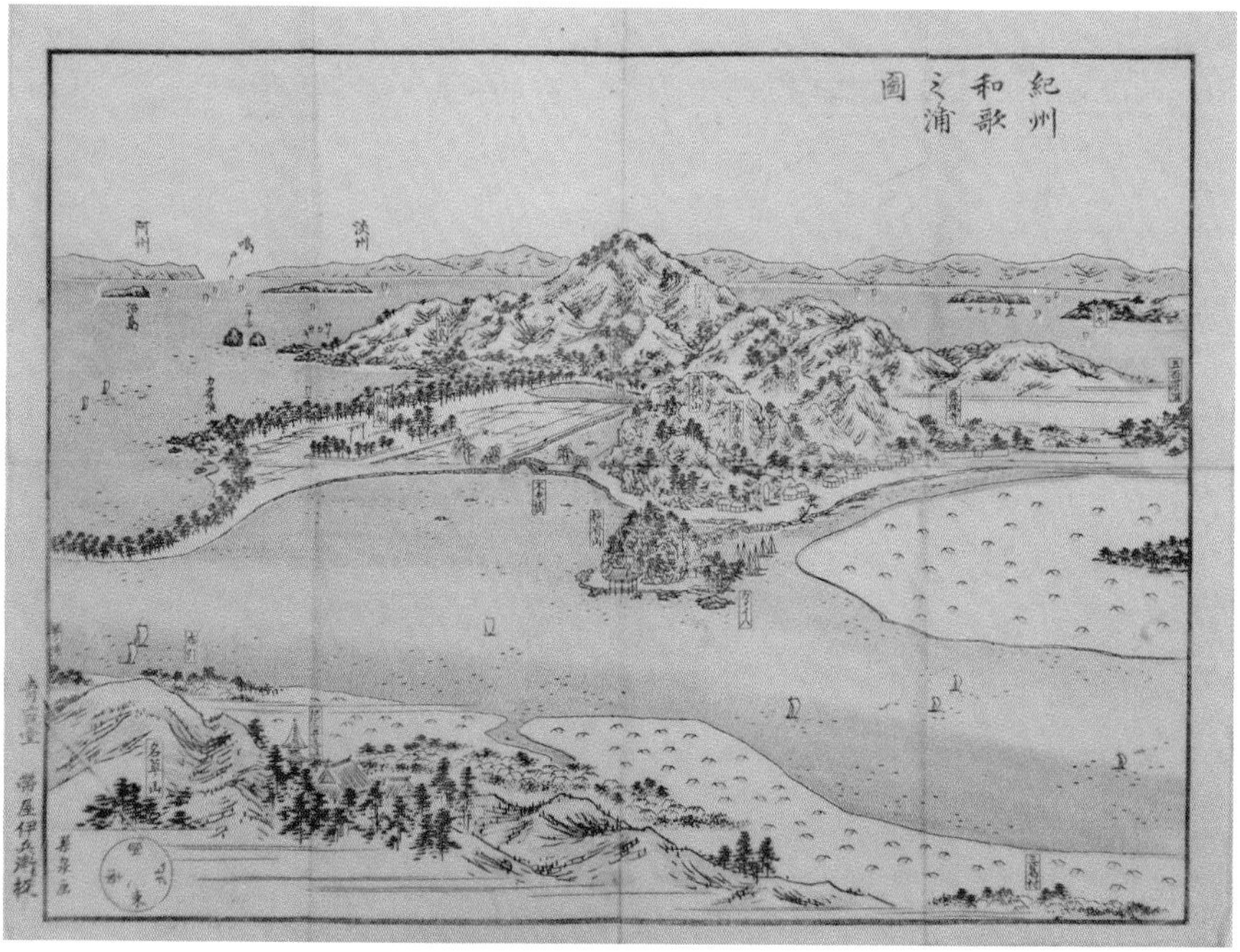

図 11「紀州和歌浦之図」淡彩刷り物
岩瀬広隆（1808～77）画　嘉永 4 年（1851）以降　青霞堂帯屋伊兵衛版
広隆は紀州藩お抱え絵師　個人蔵（本文 123・137・154・156 頁）

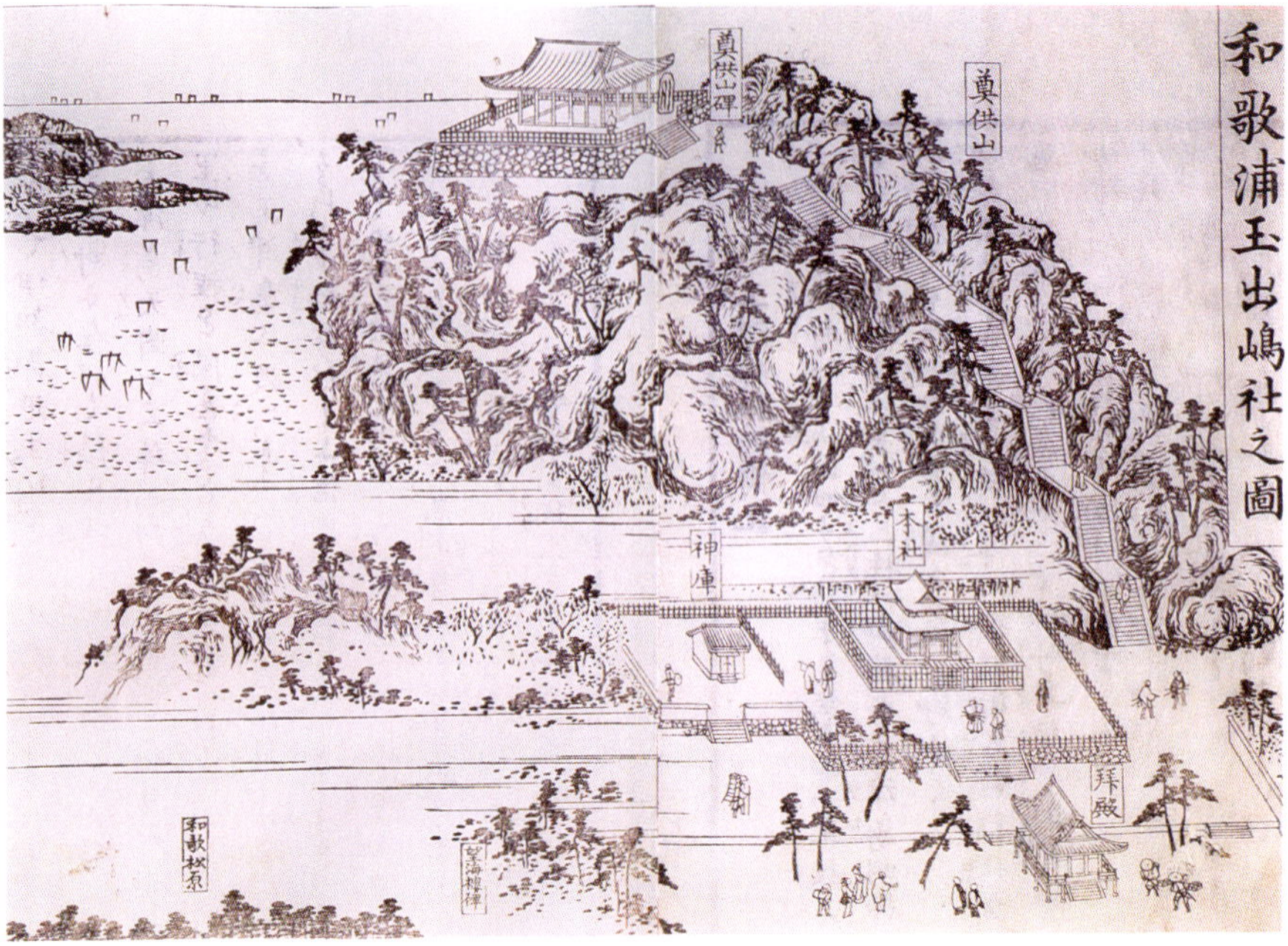

図 12「和歌浦玉出嶋社之図」刷り物
天保 3 年（1832）玉津島神社蔵　版木も同社蔵（本文 140・153・154 頁）

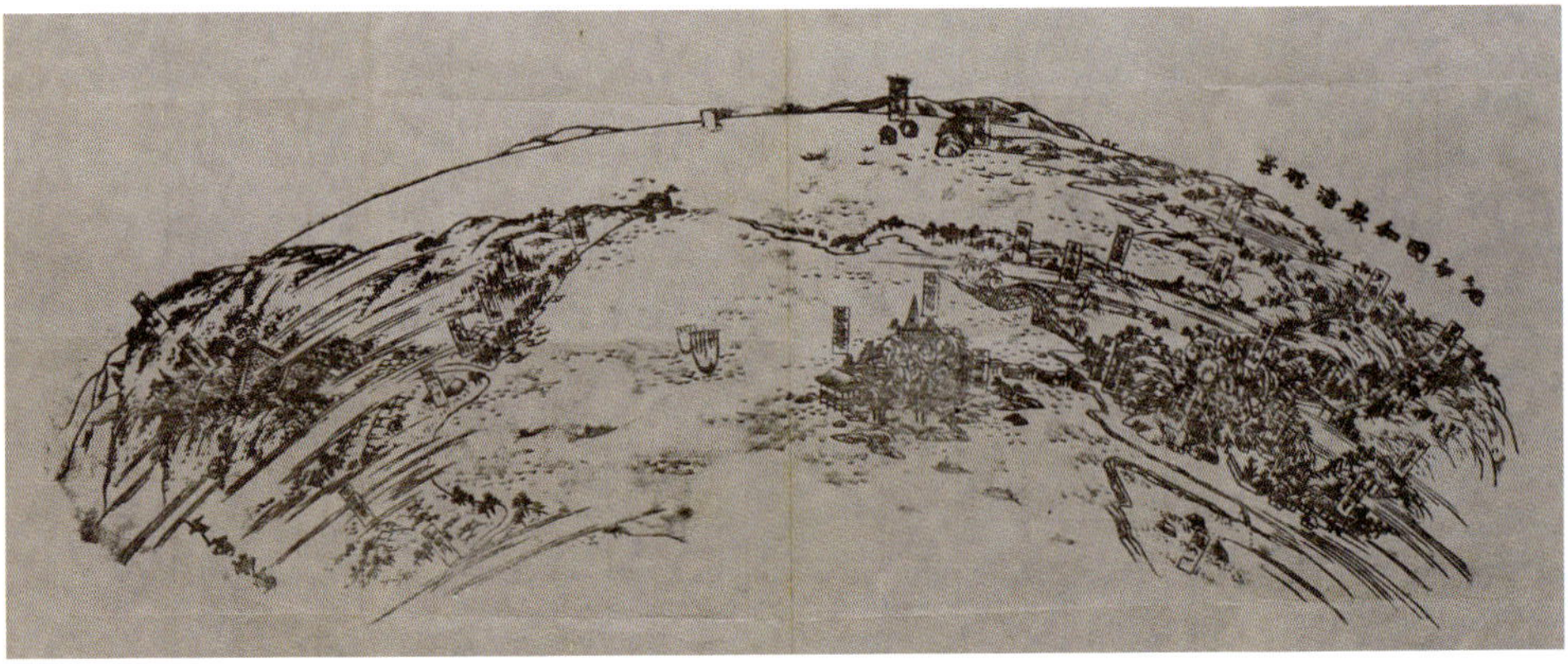

図 13「紀伊国和歌浦勝景」（扇面）刷り物
嘉永 4 年（1851）以降 「和歌浦を考える会」旧蔵
和歌山大学紀州経済史文化史研究所蔵　版木は玉津島神社蔵
（本文 118・154・156 頁）

和歌の浦・玉津島の歴史

その景観・文化と政治

藤本清二郎

和泉書院

はじめに

二〇一六年秋、和歌山市内のある場所で、「和歌の浦」の最大の価値は何かについて、万葉集ご専門の村瀬憲夫氏と熱っぽく議論した。氏は和歌だと言い、私は景観だと言った。氏は、人々がやってくるのは和歌の魅力によるのだと和歌を強調し、私は和歌の背景にあるすぐれた景色だ、これを表現する方法が和歌やその他の媒体（近代では写真等）だと主張した。これは、二〇一七年三月「和歌の浦」が「日本遺産」に登録される少し前、日本遺産申請準備が進められている頃、ネット裏で交わした議論である。かつて一九八〇年代末～九〇年代、多くの人々と「和歌の浦」景観保全運動＝市民文化運動に参加した頃、熱心に議論したことがあった。同氏らが編まれた近著『和歌の浦の誕生―古典文学と玉津島社―』では、一一～一二世紀に「和歌の浦」という語が誕生する、などの新しい研究成果がみられ、和歌の重要性が注目されている。

いうまでもなく、和歌か景観は相互に深くつながっており、二者択一ではないであろう。この論争は二人の関心の違いによるのかもしれない。結論は読者にお任せするが、氏とは違う視点、和歌＝文化を相対化する観点から和歌の浦・玉津島の歴史を深めてみよう、そして新しい観光史をめざそうというのが本書である。

さて、現在、和歌山市和歌浦地区に玉津島神社（現在の神社名。歴史用語としては以下「玉津島社」を使用）の社地（写真2口絵）があり、本社・拝殿・鳥居等が存在し、永く稚日女尊《ワカヒルメノミコト》・息長足姫尊《オキナガタラシヒメノミコト》（神功皇后）・衣通姫《ソトオリヒメ》が祀られている。社地の直ぐ西側には大きな半球形の、激しい波に洗われた奠供山があり、神の宿りを感じさせる。これこそ玉津島ではないかと思わせる（写真1口絵、図1前見返し、図6・7・9口絵）。

玉津島社は〝風景の神〟、〝和歌の神〟を祀ると言われているが、玉津島社と同社を抱く「和歌の浦」は和歌の聖地、憧憬の地、名所、名勝地と位置づけられ、日本三景の一つとも理解されていた。玉津島社は「和歌の浦」を代表する存在であり、「和歌の浦」の文化の要に位置するとともに、時の政治と深く関わり、人々の生活とも交わる存在であった。和歌の浦・玉津島という場において、天皇を頂点とする公家世界、紀州藩主を中心とする武家世界、そしてこの地に生きる人々の民衆世界が同時に、かつ交わり合いながら歴史を紡ぎ出している。本書はその歴史をひもとくものである。

もとより私は和歌文学の専門家でなく、日本近世史（おおむね江戸時代）を勉強してきた。三〇年近く同社所蔵の古文書を紙の裏・筆跡まで完全に読みとり、地域を歩き、道の形状や高低差からも歴史を考えてきた。このような近世史研究のスタイルによって、玉津島の地、玉津島社の歴史を描いてみたいと思った。

凡例

1　村瀬憲夫・三木雅博・金田圭弘共著『和歌の浦の誕生―古典文学と玉津島社―』（清文堂出版・二〇一六年四月）は、初出以外『誕生』と略記する。

2　史料の引用にあたっては、できるだけ現代の漢字・仮名表記を用い、ふり仮名をつけた。一部、江戸期のふり仮名、出典のふり仮名の場合もある。

3　玉津島神社所蔵文書を「玉」と略記し、その目録番号を「玉1」のように示す。

4　和歌山市立博物館『'05秋期特別展　和歌浦《わかのうら》―その景とうつりかわり―』（二〇〇五年）を『図録①』、同『特別展　玉津島―衣通姫と三十六歌仙―』（二〇一六年）を『図録②』と略記し、そのあとに掲載資料番号を付し、「『図録①』Ⅰ-4」のように示す。

目次

1 玉津島の古代・中世

【1】玉津島のはじまり―万葉の世界、景観と政治と文化―

古代の地形

古代の地形については、日下雅義氏の作図（図17後見返し）が有名である。この図は、紀ノ川河口平野部の広範囲の地形や地質状況について示した推定復原図であり、歴史理解に不可欠の地形図である。海岸線が現在より遙かに陸地側内部にあり、約一千年の間に、海岸線が後退し、陸地化したことが読み取れる。その理由は紀ノ川の水流がもたらす大量の土砂の堆積が基本であり、一部は江戸期以降の塩浜化、干拓による陸地化も加わった。また紀ノ川の河道が大きく変化していることも見て取れる。

しかし、図17は古紀ノ川（現和歌川）が海に注ぐ河口の右岸地域、つまり吹上から玉津島にかけての地域に関して、その詳細を理解するにはなお不充分である。例えば、玉津島やそれに連なる諸島（諸山）の周囲が低地（別の推定図では干潟・潟湖）であることは示されているが、そこにかなりの高低差があることは示されていない。この高低差は八世紀の和歌の浦・玉津島を理解する要点でもある（後述）。

そこで、古代の地形を検討するために、現在行政で使用されている国土基本図（縮尺二五〇〇分の一）に記された等高線（海抜二m、四m、六m、一〇m等）を拾い上げて図16（後見返し）を作成した。同図は、紀ノ川土砂堆積分がおおよそ二m程あるとみて、現在の海抜二mの等高線が（一律に）当時の海岸線であった想定した場合の地形図である。八世紀頃の紀ノ川は和泉山脈の麓から南流していたから、和泉山脈から続く紀ノ川（現和歌川）右岸の砂丘等を含む陸地は細長く、現在の雑賀崎《さいかざき》まで南に延びていた。西・南は外海、東は紀ノ川という水面に囲まれていた。なお、雑賀山《さいかやま》南根（御手洗池南）から南東に延びる砂洲《さす》については海抜二m以下であるため表示されない。図17では明確に存在するように記されているが、ここでは留保しておく（否定するのではない）。

古代の陸地生活面

図16には注目すべき点が三点ある。一つは、海抜四mの等高線で囲まれた陸地は、図の上部端に最高位海抜約一二～一三m、八～一〇mの低い丘陵（現市営共同墓地）があり、その周囲に六mの平地が東と南に延びている。さらに四m以上の平地が南（図下部）の高い丘陵（現雑賀山）の麓まで細く続いている。この南端の地域には弥生遺跡（「関戸《せきど》遺跡」）があり、約四mの平地は弥生時代以来の生活面であった。「関戸遺跡」の一部、星林高校グランド敷地の遺跡面上部の堆積は約一mであるから、当時の生活面はおおむね海抜三mと推定される（前田敬彦「和歌浦周辺の遺跡と遺物から見えてくるもの」）。

第二には、この現海抜四m（当時三m）の生活面は雑賀山東から玉津島社のある辺りまで続いており、生活空間が拡がっていたと推測される点である。この空間の高いところでは海抜五m地帯が中央東西に延び、南北に下がっている。この土地の高低差は歩いてみると実感できる。図17では、北部四～一〇m生活面（丘陵）が海岸砂洲に一括され、南部四～六m（当時三～五m未満）の生活面が低地もしくは潟湖・干潟に一括されている。

三点目は、現玉津島社の後の山（後に奠供山）は東南方向に突き出た岬の先端部にあり、特徴ある姿を示している。鏡山・妹背《いもせ》山とともにいずれも島山の南面は先史時代から荒波に洗われ、岩山が削り取られている。鏡山・妹背山がより先端部であるが、山の大きさ・形状の点で玉津島社の後の山は先端部の象徴的存在といえる。

現在、満潮時には妹背山の陸地海抜約一・四m近くまで潮が来る。干潮時には干潟となる。このことから現二m未満の海・川側陸地は干潟状態であったと推定される。

このような地形的事実に注目するならば、聖武天皇が設けた「岡東」離宮の場所はこの生活面に存在したと理解することが可能となる（後述）。また「玉津島」の指す内容、山辺赤人の長歌理解などに新しい理解が拓ける。この事実を歴史理解の自然的前提条件とする必要がある。

なお、原図には海抜三mの等高線が一部表示されている。表示されていない場所は調査されたポイントの海抜を参考として等高線を引いてみた（破線）。打越山《うちこし》・愛宕山《あたご》の北から西にかけて海抜三m未満の低地が回り込んでいる。また秋葉山の西南（雑賀山の東）にも、海抜三m未満の低地が回り込んで存在する。現三mは当時二m未満と推測されるが、この一部には「片葉芦」という地名が残っている。「片葉芦」とは、群生する芦の葉が波や風に吹き寄せられ、片方にのみ成長する、この地特有の芦を指している。すなわち、この地は風波の強い満潮時には潮が浸水し、芦が生えているという、干潟につづく冠水地であった。かつては干潟であった可能性もある。

さて、歴史の理解に入ろう。栄原永遠男氏の指摘によると紀ノ川の河口の左岸・右岸（図17）はともに、八世紀初め頃は「海部郡《あまのこおり》可太郷《かだごう》」という行政単位に属した（「和歌の浦と古代紀伊」）。

紀氏集団

六世紀末から七世紀前半頃以前、「紀伊地方は後の紀国造の紀直と中央貴族紀朝臣とが分裂する以前の、巨大な勢力」「紀氏集団」によって支配されていた（栄原論文）。八世紀初め、国造家の勢力下にある海部郡の勢力が聖武天皇一行を迎え、この地に案内したと見られる。すでに六世紀半ばに、紀ノ川河口東部、海と川を結ぶ交通の要衝地に、大和朝廷管轄の海部屯倉《みやけ》（現手平《てびら》付近、図14 39頁）が設置されており、中央勢力の政治拠点が設けられ、地元勢力の一部がその役人をも務めたと見られる。

さて、八世紀初め頃、この地域からは奈良の都・天皇の下へ貢納物（贄）が送られていた。聖武天皇の大嘗祭《だいじょうさい》（即位後の儀式）は玉津島行幸の翌年に行われたが、この行幸は、儀式に供える由加物《ゆかもの》の採取という準備の側面もあったと指摘されている（同前）。

玉津嶋は「可太郷」に含まれた右岸の海浜部にあったが、紀氏集団はこの地を祭礼の場とした（後述）。

紀氏の「聖地玉津島」

この項目の題「聖地玉津島」は、伊藤信明氏の論文（「天野社・日前宮と玉津島」）からとったものである。和歌の聖地ということではない。玉津島は紀伊国の古代氏族である紀氏にとって聖地であったとの意味である。同氏は「玉津島は天野社の渡御地であり、日前《ひのくま》・国懸宮《くにかかす》（以下「日前宮」、図14 39頁）の祓い所でもある特別の場所であった」（同前）。神亀《じんき》元年（七二四）聖武天皇の詔が出される背景に、「紀国造と天野社惣神主がともに和歌浦の玉津島で神事を行っていたこと」、「玉津島は紀氏と丹生氏の神事の場所であり、両氏族にとっての聖地であった」こと、「紀伊国を代表する古代氏族である紀氏《きうじ》と丹生氏《にゅううじ》がともに神事を行う場所であったことが、玉津島での神霊の存在を意識させ……玉津島神社が成立する」（同前）と指摘している。次に述べる聖武天皇の行幸や詔に先行する歴史を指摘しているが、これまで余り注目されていなかった。

この伊藤氏の指摘は、天野社・日前宮の近世期の神事から遡り、さらに中世の応永六年（一三九九）の日前宮神事記録や文保《ぶんぽう》二年（一三一八）の和与《わよ》状から、より古い形の神事を詳細に検討した結果得られた結論である。紀ノ川河口地域には六世紀末〜七世紀前半頃以前から巨大な紀氏集団、紀国造家の存在が確かめられるが、天野氏については何時まで遡るか実証できない。とはいえ少なくとも紀国造の聖地との仮説は成り立ちうる。すなわち、伊藤氏の指摘は「聖武天皇行幸以前」の玉津島・和歌の浦の歴史を考える上で大変重要である。ここでは、結論のみを紹介し、古代・中世の両社における玉津島神事については後（29頁）に検討することにする。

聖武天皇の玉津島行幸

さて、周知のように、神亀《じんき》元年（七二四）に聖武《しょうむ》天皇の一行は大挙して紀伊国玉津島を訪れた。この聖武天皇の行幸《ぎょうこう》（外出）をきっかけに、玉津島・若の浦は都（大和国奈良）の天皇・貴族および歌人等、宮廷人の間で注目されるようになる。天皇が紀伊国へ足を運ぶのはすでに斉明《さいめい》天皇四年（六五八）、持統《じとう》天皇四年（六九〇）、文武《もんむ》天皇の大宝《たいほう》元年（七〇一）にみられた。これらの天皇の旅行は大和朝廷直轄地の牟婁（白浜湯崎）が目的地であり、玉津島には立ち寄っていない。これに対し、聖武天皇は神亀元年一〇月に紀伊国「海部郡《あまのこおり》玉津嶋」を目的地として行幸（旅行）を行った。『続日本紀』巻九の記事は次のようである（『新日本古典文学大系』による）。

○辛卯《五日》、天皇《すめらみこと》紀伊国《き》に幸《みゆき》したまふ。……○甲午《八日》、海部《あま》郡玉津嶋頓宮《たまつしまのかりみや》に至《いた》りて、留《とど》まりたまふこと十有余日。
○戊戌《十二日》、離宮《とつみや》を岡《をか》の東《ひむかし》に造《つく》る。……
○己酉二十三日、車駕《きょが》、紀伊国より至りたまふ。

聖武天皇はその年の二月に天皇に即位しており、即位儀礼の一環として紀伊行幸が行われた可能性がある。ともあれ、都（奈良）出立から四日後の一〇月八日「海部郡玉津嶋」に到着し、二一日に当地を立ち和泉国を通り、二三日に都に帰り着いた。その間、一〇月一二日には「岡の東」に「離宮」を造ったと記録されている。

また同時に、付き従った人々や離宮造営担当者、紀伊国の国司《こくし》・郡司《ぐんじ》、行宮《あんぐう》従事者に禄が与えられた。また名草郡の下級役人（紀姓・大伴姓）ら五〇人以上の昇進と昇格を命じたほか、田租を免じ、罪人の恩赦命じた。行幸は離宮設置の地に慶事の政治を行うことが目的であった。玉津島では政治と文化的行為が一体のものとして行われた。

玉津島と「頓宮《かりみや》」

この記録にあるように、聖武天皇の一行は「海部郡玉津嶋頓宮」に到着した。「頓宮」は天皇の一時的滞在所をさすが、到着地の名称は、記録としては「玉津嶋頓宮」と表現されている。

では「玉津嶋」とは何か。最近の研究によると、玉津島とは一つの島の名称ではなく、紀ノ川（現和歌川）河口部西方の一群の島々がそのように呼ばれた。その島々とは、現在の船頭山《せんどうやま》・妙見山《みょうけんさん》・雲蓋山《うんがいさん》・奠供山《てんぐさん》・鏡山・妹背《いもせ》山《やま》である。聖武天皇行幸時、現雑賀山方面から南東を見て、これらの島々（山々）はいくつかの玉が緒でつながれたひとかたまりに見えたという。「玉の緒《お》をなす玉津嶋山の景観」と評価されている（『誕生』第一部第一章）。

しかし、聖武天皇は「海部郡玉津嶋」を目指したのであり、この表記は地名的要素を強く持つ（「頓宮」は施設名）。この地名がいかにして生じ、流布したかが問題である。「玉津嶋」は地元の人たち（生業を営み生活する人々、屯倉のような役所に勤務する人々、紀氏に関係する人々）の呼び習わした名であり、それが地名となった可能性が高いであろう。雑賀山（かなり西部の高津子山を除く）から見た時、「玉の緒」状の景観を見て取ることは必ずしも容易ではない（空中写真での認識は当時ない）。また例えば対岸の藤代峠から見る遠景において、手前の島々はきわめて小さく、後の雑賀山の峯が強い印象を与える。

空中でなく地上からこの地域を眺めれば、妙見山のような「人」形の島は、その特徴をとらえることが難しい。一方、奠供山はおおよそ半球形状であることが認識される。とりわけ、水面下から巨大な水泡が吹き出したような特徴ある形の岩山を、人々が「珠」の島、「玉」の島として認識していたことは十分ありうる（写真1口絵）。

このような現地における地名の存在を前提に、聖武天皇一行は「玉津嶋」の地名を受け容れ、使用し、この地を目指した。すなわち、この地名は聖武天皇や随行歌人が付けたのではない。紀氏集団では、水辺を祭祀の場として、玉を水の属性でとらえ「珠」とし、後の記録には「珠津島」と表記されるようになる。

本稿で、筆者は「玉の緒」説を採らず、地域において、地上の地形・形状認識から今の奠供山が「玉の島」＝「玉津島」と呼ばれるようになったと考える。この島の周辺環境が信仰性を持ち、さらに水辺に突出した巨大な岩は卓越した崇拝対象となり、その岩と周辺が聖地と認識されていたと考える。

聖武天皇はこの島（山）の近くに到来し、離宮を造るまでの間、「頓宮」＝仮の居所（キャンプ地）を定めた。島（山）の東西に僅かの平地があった。その場所を特定することは困難であり、島（山）の東西の平地か、さらに西（市町）かいずれとも決しがたい。

「岡の東」の「離宮」

玉津島到着後四日目に「岡の東」に「離宮」が造営されたが、この離宮の造られた「岡」はどこをさすのであろうか。次に紹介する山辺赤人《やまべのあかひと》の情景歌から、今の雑賀山の東部と比定してよいであろう。そしてその東部、つまり雑賀山東端から東に続く平地空間があった（図1前見返し）。この空間の南北は今でも傾斜し、海抜五〜六ｍの陸地（現「和中坪《わなかつぼ》」）は北側急傾斜地（「和田坪《わだのつぼ》」）と比較的緩やかな南傾斜地＝浜辺（現市町川北側「明光坪《めいこうつぼ》」）に挟まれている。浜辺よりやや高い位置にある、この空間（「和中坪」）に天皇の居所・寝所を含む宮殿が促成で整えられたと推定される。一時的な着地点「玉津嶋頓宮」とは区別された「離宮」は、都（奈良）の遠い出先の宮殿であり、その宮殿から玉津島にかけては、細く陸続きであった。

「岡」＝雑賀山の北には雑賀野《さいかの》（後述）が続き、集落等があった。さらにその北は砂山が続くが、その北は紀ノ川沿いの木ノ本等の集落・耕地等があった。要するに、玉津島は北から続く陸地の、東南先端地＝岬にあったといえる。一般に神が宿るとされるのは、人家・集落のある平地ではなく、岬などの土地先端部、あるいは大きな岩、高い岩である。

山辺赤人の叙景歌

さて、神亀元年（七二四）一〇月、宮廷歌人山辺赤人は聖武天皇の玉津島行幸に従い、次の長歌・反歌を作った（万葉集⑥九一七〜九）。村瀬憲夫『万葉　和歌の浦』より引用する。

やすみしし　わご大君《おほきみ》の常宮《とこみや》と　仕《つか》へ奉《まつ》れる　雑賀野《さひかの》ゆ　そがひに見ゆる　沖つ島　清き渚《なぎさ》に風吹けば　白波
騒《さわ》ぎ　潮干《ふ》れば　玉藻《たまも》刈りつつ　神代《かみよ》よりしかぞ貴《たふと》き　玉津島山《たまつしまやま》

（反歌）

沖つ島荒磯《ありそ》の玉藻潮干《しほひ》満ちい隠《かく》り行かば思ほえむかも
若《わか》の浦に潮満ち来れば潟《かた》をなみ葦辺《あしへ》をさして鶴《たづ》鳴き渡る

有名な歌であり、いくつかの解釈があるが、筆者の地理的情景理解を述べれば次のようである（後述廣岡義隆氏の説に従う）。

大君（聖武天皇）の常宮（永久の宮）に、臣下として仕えている雑賀野。その背中側に沖の幾つかの（玉津島を含む）島山が見える。島山の渚には風が吹いて白波が立つ。潮が引き干潟になれば人々が島山の磯で藻を刈り集めている。神代の昔から玉津島山の姿はなんと尊いことか。

（反歌）

潮が満ちると、沖に見える島山（の南北面）は磯となり、渚の玉藻も隠れてしまった。なんと感慨深いことだ。浦一帯に潮が満ちて来た時、干潟で餌を啄んでいた鶴が鳴き声を残し、入江の葦辺に向けてとびたった。

長歌では玉津島山などが「沖つ島」と表現されており、赤人の視点場（位置）からは少し離れている。赤人の長歌・反歌は、現在の船頭山・妙見山・雲蓋山・奠供山・鏡山・妹背山という連なった島々とその渚、その先に広がる干潟の景色を詠んだもの。従来の見解ではそういう解釈となるが、図1（前見返し）のように、船頭山・妙見山・雲蓋山は完全な陸続きで、陸地側に渚を見ることは出来ない。

ではどう解釈するか。図1をよく見れば、視点場が雑賀山の北端の場合、船頭山・妙見山の北側、海浜部の渚が見える。一方少し南に寄り、高い場所からは、玉津島山の南面の荒磯・渚が見える。赤人が雑賀山の数ヶ所から見た情景が一つの歌に歌い込まれたと見ることはできないであろうか。赤人が一歩も動かず、ある一点から見える景色を歌ったと考えることはないであろう。

この長歌・反歌では磯・渚の玉藻刈に焦点があるとともに、広い干潟の景観、干満で一変する景色、鶴の飛び立つ動きが詠われている。古代貴族は、この自然の景色、ダイナミックな干潟の情景変化に感動したのである。

雑賀野《さいかの》

大君に「仕へ」る主語は誰であろうか。赤人が仕えているという解釈もあるが（村瀬前掲著書）、自然を擬人化して「雑賀野」が聖武天皇に仕えていると理解できる（廣岡義隆「赤人の若の浦讃歌」）。これは「そがひ《背》」とあわせて重要である。「そがひ」という語によって、正面と背面が対となっていることが暗示され、「雑賀野」＝陸の景色、玉津島を含む海の景色、この二つの景色＝世界が正面・背面に設定されている。

「雑賀野」は原文では「左日鹿野」。これは万葉仮名表記であり、「さひか野」と呼ばれた野＝陸地が当時存在した。中世の和歌川河口平野右岸は、荒涼たる砂丘で、人家・集落、まして豪勢な『うつぼ物語』の「吹上の宮」など存在しないと予想されてきたが、最近の研究では、「吹上」には関戸遺跡があり、「海上交通に関与した物資流通の拠点」であり、国分寺相当の寺や集落があったと地域イメージが見直され（前出前田論文）、宮の可能性が主張されている（『誕生』第二部第四章）。

関戸遺跡の位置は現星林《せいりん》高校敷地から南東の現雑賀山麓までの微高地（高い所で六m）で、人工的な文化的景観が展開したと推測されている。かなり離れた北西と北東部には高い砂丘が連なり、その南の平地は「雑賀野《サヒカノ》」であり、その端地に集落等が存在した。それらの西には外海が控える。常宮が設置された場所はこの関戸遺跡の近くであり、逆に言えば、常宮から僅か離れて北西に「雑賀野」が続いたことを確認しておこう。ちなみに『紀伊続風土記』関戸村の項に「古人《いにしえびと》雑賀野といひしも、この地なるべし」と推定されている。

陸と海の境目

長歌に詠われた情景をさらに深く解釈してみよう。現雑賀山東端に隣接する陸地（現市町北部）の北西を見れば「雑賀野」及び広大な砂丘、つまり陸地が広がっている。反対に南・東を見れば玉津島・「弱浜」＝干潟という海面が広がっていた。赤人は、この二つの異なった世界の境目に位置して、陸と海の両方世界を一挙に叙景歌の内に捉えたのである。海を捉えたその要が干潟の広がり、変化であることはいうまでもない。

前出関戸の地名は「関」の戸があったことによる。図1（前見返し）のように「片葉芦《かたはのあし》」という小字名が残っているが、ここは水際であった。すなわち、現和歌浦和田地区の北側は湾が大きく西へ入り込んで、この湾の奥に陸地（海抜三〜四m）が南北の向にあり、中世の玉津島道（図14 39頁）が通っていた（後述）。これが堰（＝関戸）であり、関戸の西側は陸地であった。古代末期（一一世紀中頃）に、当地を訪れた藤原頼通《よりみち》は「雑賀松原を経て、和歌浦へ向わしめ給う」（『宇治関白高野山御参詣記』）と書いている。北からこの道を通ったのであろう。

ちなみに、中国古代、「朝に発つは葱嶺《そうれい》、夕に至るは明光《めいこう》」との韻文があり、「朝に西の果ての葱嶺を出発し、夕べには東の果ての丹巒《たんらん》に宿る」（明光＝丹巒）との解釈が三木雅博氏によって紹介されている（『誕生』、後に詳述）。葱嶺は今のパミール高原を指すが、雑賀野の北西に続く広大な砂丘をこれに見立て、関戸を超え、海に面した現市町（「和中坪」）を丹巒（中国の東の果て）に見立てたと理解するのは深読みであろうか。始点・終点の関係が景色の対句となっている。

詔の解釈

滞在中の一〇月一六日には、次の有名な詔《みことのり》が出された（『続日本紀』巻九、訓読みは『新日本古典文学大系』による）。

○壬寅《十六日》、……また詔《みことのり》して曰《のたま》はく、「山《やま》に登《のぼ》り海《うみ》を望《のぞ》むに、此間《ここ》最《もと》も好《よ》し。遠行《ゑんこう》を労《いたは》らずして、遊覧《ゆうらむ》するに足《た》れり。故《ゆゑ》に弱浜《わかのうら》の名《な》を改《あらた》めて、明光浦《あかのうら》とす。守戸《しゅこ》を置《お》きて荒穢《くわうあい》せしむること勿《な》かるべし。春秋《しゅんしう》二時に、官人《かんじん》を差《さ》し遣《つかは》して、玉津嶋《たまつしま》の神《かみ》、明光浦《あかのうら》の霊《みたま》を奠祭《てんさい》せしめよ」とのたまふ。……

きわめて有名な詔の一節である。これは三つの内容で構成されている。第一に登山望海、遊覧の事実が記されている。第二に明光浦改名と守戸設置、荒穢《こうあい》禁止の指示である。第三に今後の長期的な措置＝春秋の奠祭《てんさい》の指示である。第一と第二の間に「故に」とあるが、「ことさらに」と読む。前後の直接的な因果関係はない。第一と第二は並列の二つのことがらであることに注意すべきである。第二と第三は、現在から未来への時間経過を示す。

第一の点に関して、「ここ最も好し」の「好」の対象は何であろうか。この見る場所がよいのではなく、見えるこの景色が「好」いことはいうまでもない。第二はその「好」い景色の名前を変えて保護すると宣言した。第三はその景色を司る、あるいはその自然に宿る二つの神・霊を永く祭るよう指示した。

こう解釈した上で、三つの地理的な事実を確認する必要がある。まず、（1）登った山はどこか。（2）「弱浜」「明光浦」はどの場所を差し、いかなる内容か。（3）「守戸」はどこに置かれ、どこで祭祀を実行したかである。

地理的事実

まず「山に登り海を望」んだ「山」はどの山か。江戸後期に仁井田好古《にいだよしふる》が「奠供山碑《てんぐさんぴ》」を建立して、この「山」を奠供山に比定したため、現在では何となく奠供山のことと理解されているが、これは根拠が示されず、断定的過ぎるのではないか。たしかに奠供山や妹背山からは樹木がなければ四方の海が見渡せるが、「山」上から奠供山を含む「弱浜」「明光浦」を眺望したとすれば、現玉津島社間近の山である可能性は低くなる。

玉津島を含む浜辺や、広い浦（干潟）を広角度で見渡せる場所は、離宮のある現市町から西へ少し歩いて登れる雑賀山にもかなりたくさんある。雑賀山にはいくつかの眺望地点があるが、①直近、東の峯の頂点（海抜四二m）、あるいは②現東照宮後の頂点（六八m）、③現天満宮の楼門の位置（二二m）、④さらに西にある南張り出しの峯（三一m）などが候補に挙げられる。①は緩やかな傾斜で登りやすい。赤人の長歌反歌の視点場は雑賀山と理解されるので、その近くを想定することができるが、いずれかを特定するのは困難であろう。

明光《めいこう》

つぎに、「弱浜《よわはま》」と「明光浦《めいこうら》」は置き換え（言い換え）であるから地理的には同じ範囲を指す。この「明光」は、最近の研究によれば、明るい光ではなく、神聖な場所、宮（中国神仙郷）との解釈がなされている（『誕生』第一部第二章、三木雅博氏執筆）。「明光」とは何か、もう少し詳しく引用をしておこう。

中国の漢語辞書では、明光の意味は「神話中の昼も夜も常に明るい「丹丘《たんきゅう》」を指す」とあり、前漢（世紀前六一年頃）の用例として「朝に発つは葱嶺《そうれい》、夕に至るは明光《めいこう》」という句が紹介され、後漢時代には明光は丹巒《たんらん》という場所であるとの理解も出てくる。要するに明光＝丹丘＝丹巒は、「中国の東の果てにある、昼も夜も明るい仙人の住む不死の地」との理解が知識人の間に存在した（同前）。

このように、中国では地名「丹巒」は明光（神仙）と理解されており、宿泊の「宿る」という意味が、仙人の宿り（住所、神仙）に飛躍している。これらを念頭に置けば、詔も「明光」の場所を市町（陸）から「浦」（海浜部）へ移行させて理解したとみることができよう。ただし、「明光浦」の神聖性は何を媒介として実感されているかといえば、それは干潟の絶妙な変化という現実的姿＝景観を通じてであることを見逃すことはできない。

「明光浦」の神聖性は、必ずしも中国のそれと同じであるのかという点は留保されるが、「明光」＝陽光でないとの指摘はきわめて重要である。「弱浜」＝「明光浦」の地理的な範囲は、現雑賀山の東南方向に展開する海浜、島嶼、干潟を含む広範囲の海浜部全体と理解される。紀ノ川対岸の名草山・名草浜、さらに熊野の峯々は含まない。「玉津嶋の神」は自然崇拝の対象であるが、「明光浦の霊」は中国的・文化的な、海の場所神である。

弱浜《よわはま》

ところで、多くの場合「弱浜」には本の編者が「わかのうら」「わかはま」と読みをつけることが普通となっているが、『続日本紀』の原文には読みがついていない。「弱」を「わか」と読む必然性、根拠はあるのであろうか。

「弱浜」を「わかはま」と訓み、「成長途上にある」「若い砂洲」（『誕生』第一部第三章）と理解し、年齢概念を導入する考え方が流布しているが、その「成長」とは何を指すのであろうか。その根拠に「潮満たばいかにせむとか海神の神が手渡る海人娘子ども」（⑦一二一八）をあげ、「成長途上にある若の浦のさまを詠んだ歌」と述べているが、やや論理飛躍の感がある。「潮が引けば細長い砂洲がすうっと沖合に伸びていき」とも記されるが、この段階で「伸びた」砂洲の形成が見られたか否か、必ずしも断定できないように思われる。短い砂洲が存在したとして、砂洲が成長するという今日の地理学上の知見を当時の人々がもっていたのか。地形の成長をよみとり、詩歌に表現することがあり得たのか疑問とするところである。年齢概念は後の付会であろう。

すなわち、「わか」ではなく素直に「よわ」と読む必要があると考える。こう訓《よ》んだ場合、「弱浜」の地形的特徴として干潟特有の泥地＝軟弱地が想起され、対語として「堅地《かたじ》」が想定される。中世末期頃「堅地」と「弱地《よわじ》」が対句として使用される例が紹介されている（『日葡辞書』）。地域に生きる人々は地形の特徴を即物的に率直に捉え、それを地名として呼称していたことが十分考えられる。聖武天皇によって改められる前の名前「弱浜《よわはま》」は、軟弱で、移動できるが動きにくいという意味の、すでに地域でなじんできた土地の名前である。和歌川河口の右岸に大きな干潟が存在したことは赤人の歌によっても知られる。

改名の政治的意味

詔は、否定的な意味合いで捉えられた名称「弱浜《よわはま》」（＝軟弱地を抱える浜）から、上記の神聖性のある、絶対肯定的な名称「明光《めいこう》」に代えることを指示したのである。否定的名称から肯定的名称への変化を生んだ要因は何であろうか。それは、聖武天皇等の都人が、変化する干潟景観のすばらしさを経験したことである。

このことの政治的意味を考えてみよう。先の第二の点に関して、何故「明光浦《めいこううら》」にかえねばならなかったのか。変える動機は感動したことによるが、その必然性はどこにあるのか。しかも中国思想の影響を受けた「明光」という名前に変えたのはなぜか。

それは従来の（紀氏の）地域秩序を変えてしまうため、土地（干潟海面）の呼称をを変えてしまう（色を塗り変える）という必要性であった。在来の、紀氏の承知する名前に、中国思想が反映した名前を被《かぶ》せたのである。

また第一の点の後半に、眺望した景色が好く、歩いてゆかなくても「遊覧」できたと記されているが、紀ノ川河口海面（干潟）を遊覧したことになっている。これらの地域（水域）は紀氏の祭祀の及ぶ範囲である。この祭祀に象徴される政治的支配空間を「眺望」し、その場所の名前（色）を替えてしまおうとしているのである。

守戸

さて「守戸」＝守りびとはどこで勤務したのであろうか。現市町におかれた離宮は、天皇が都へ帰還後も屯倉《みやけ》のような役所としてしばらくの年数は残存し、「守戸」が任命されつづけたであろう。そこへ都から官人《かんじん》が派遣された可能性はあるが、一切論証できない。四〇年後の称徳天皇行幸の記事に春秋二時祭礼の痕跡は見いだせない。「玉津嶋の神」、「明光浦の霊」を奠祭する場所を特定することは困難に見える。

そこで、まず「荒穢」を避けるとは何を意味するかを考えておこう。古代の「穢」は罪ケガレと理解されている。神道的なケガレではなく、勝景に付随する神や王の神聖性の保護、秩序の安定のことである。秩序の安定を破る可能性のある存在は、対岸を拠点とし、紀ノ川河口を支配し、玉津島で祭祀を行ってきた紀氏しか考えられない。

「弱浜」＝「明光浦」の海面範囲に名草山は含まないものの、眺望されており、政治的な監視がなされることを宣言した。「遠行を労《いた》」わらずして「遊覧」することを統治と置き換えれば、紀ノ川左岸をにらんだ、紀ノ川河口地域の統治を安定的に実現しようという、聖武天皇の政治的意図がそこに存在した。「明光浦の霊」の奠祭はそのような政治行為の宗教的な表現と理解される。

「玉津嶋の神」についてはどうであろうか。紀氏の祭祀（「珠津嶋祭」）がこの玉津島で行われ、ここが紀氏の聖地であることはすでに述べた。とすれば、この地を聖武天皇が直接祭ることは紀氏とって被圧迫的である。従来の玉津島の宗教的政治的秩序が根底から覆されることを意味している。まして、中国古代思想を援用して山の上から「望祀の礼」を行えば、紀氏にとってきわめて屈辱的なこととなろう。

したがって、この年と以後の「玉津嶋の神」「明光浦の霊」の奠祭がここで行われる必要性はあった。このような政治関係・宗教行為＝神事から奠祭の場所を特定することはある程度可能となる。

しかし奠供山はそもそも容易に登れる山ではなかったから、これを実現したと断言することはできない。後世、奠祭が現奠供山上で行われたとされるが（後述）、中国思想との関連から発想した偶然の結論であり、必ずしも説得的ではない。事実としては、「望祀の礼」を行った可能性は低い。

望海・遊覧、地名の改名、奠祭は、政治的意味合いを考えると、とりもなおさず聖武天皇直轄による政治秩序の保持（大嘗祭への従順、後述）であり、その違乱への警告であった。翌年は聖武天皇即位の大嘗祭が予定されていた。紀ノ川河口左岸にはすでに直轄地屯倉があり、この詔によって聖武天皇は、右岸玉津島とそれに続く西方陸地（市町に加え、雑賀野）を新たに直接統治下に組みこんだ。

なお、その後、紀ノ川河口地域における朝廷と地方豪族の対抗関係が続けば、玉津島の麓において祭祀が継続される可能性もあるが、国造家紀氏との融和が進めば、その奠祭は、消滅するか国造家紀氏に吸収される可能性もあろう。その後については推測の域を出ない論である。

詔や先にみた赤人の歌は紀ノ川右岸世界、右岸の政治史を文化的に表現した物語であった。再度文化の世界に戻って検討を進めよう。

若浦《わかのうら》

ついで、赤人の反歌に見える「若浦」という語について検討しておこう。この地名はこの反歌に初めて見える。元の『万葉集』表記は「若浦」である。歌詞からすると、「若浦」の範囲は、地理的には紀ノ川（現和歌川）の水流部分から西、右岸陸地までの間の干潟で、妹背山・玉津島山等、島々の北側や、南側は西（現御手洗池）へ深く入り込み、島々の周囲を囲んでいるように見える。干潟と芦辺（入江の陸地に近いところ）を含んだ海をさす。

詔で「弱浜《よわはま》」と表記された場所と「若浦」は同じ範囲をさすと考えられるが、何が違うのかといえば、「弱浜」は「明光浦《めいこううら》」に転生する前の宗教的政治的マイナスイメージをともなった表現である。これに対し、「若浦」は詔で賞賛されるところの海の景観、その美称語的表現であり、かつ潮が「満ち来」るというように、力強さが増してくることを連想させる表現である。赤人は文学的表現で鶴の飛翔情景とともに、浦の地理を表現した。干潟の「弱《よわ》い」という一面は干潟の情景変化、力強い動きの評価により「若い」に転化したが、政治的宗教的な「明光」ではなく、反歌ではあくまで文学的表現に留まった。これが後世の地名を決定付けた。

ここで気づくことは、聖武天皇や貴族、宮廷歌人の念頭にあったと見られる、中国の神仙郷の海浜部に干潟は登場しない。干潟の情景は、都人の中国的観念からの脱却を手助けしてくれた。赤人の歌は現実的景色の賛美である。情景賛美に彩られた若の浦（海）は、雑賀野（陸）と一体として歌に詠まれることによって、聖武天皇の価値世界に組み込まれたことも事実である。右岸の地に関わる人々は聖武天皇の政治的感化に触れたことになる。

ここで生まれた「若浦《わかのうら》」という美称は、この時を出発点として歌枕、名所として後世に羽ばたいてゆくのである。明光浦とは呼ばれなかった。

雑賀《さいか》の浦

これより少し後、万葉集の歌に「雑賀の浦」が登場する（村瀬前掲著、⑦一一九四）。

紀伊国《きのくに》の雑賀《さひか》の浦に出で見れば　海人《あま》の燈火《ともしび》波の間ゆ見ゆ

この歌は藤原麻呂《ふじわらのまろ》が作ったとされるが、夕暮時「雑賀の浦」に出て、海上を見たら海人《あまびと》の釣船の灯火が波の間に見えるという情景を歌っている。ここで作者はどこにいて、何を見たかに注意を払う必要があるように思える。すなわち、「雑賀」を今の雑賀崎《さいかざき》の岬とし、若の浦の浜辺から西を向いて沈み行く夕日を見ているとの解説がある。

しかし、この「雑賀の浦」はいずれの海浜を指すのであろうか。雑賀崎の西海を指すのではなく、「雑賀野」が吹上浜の後背地を指すことから、「雑賀野」西の海浜と素直に考えればよいであろう。「雑賀浦　古雑賀山の北の地をいふ、今の西浜村の地なるへし」（『紀伊続風土記』）とあり、岬の北側、「雑賀野」の西方の海と理解するのが自然である（現雑賀崎沖合の海も含むが）。

すなわち、この歌の作者は若の浦の南の浜ではなく、雑賀野に近接する関戸遺跡（図16後見返し）に当たる集落から西の浜辺に出て、海上の釣船を見ていると理解する方がよいのであろう（『紀伊続風土記』関戸村の項に「古人、或は野といひ、或は浜といひ、或は浦といふ。皆雑賀の地にして、広くは吹上《ふきあげ》ともいへるなり」とある）。

では、海人＝舟の釣人はどこの集落に属する人々であろうか。平城京で発掘された木簡の内、紀州関係の木簡記載を分析した栄原氏の研究によると、現和歌山市加太から海南市黒江までを含むかなり広い範囲が「可太郷《かだ》」であり、天皇の代替わり儀式大嘗祭《だいじょう》で神に捧げる「由加物《ゆかもの》」（お供え）を貢納した「賀多潜女《かだ》」は現在の加太《かだ》に限定して考える必要はない。聖武天皇の玉津島行幸は翌年の大嘗祭と関係すると指摘されている（前出栄原論文）。つまり翌年の大嘗祭お供えの一部は当時の「若の浦」を含む海浜部の「潜女」（海女）が採取した可能性もあり、紀ノ川河口の海面・雑賀浦海上地域での海民の活発な生業が注目される。

栄原氏はまた、紀ノ川と外海（難波）への貢納物舟運輸送にとって、河口の若の浦はきわめて重要な場所であることを指摘しているが、この地域の人々が漁業に従事しつつ海運にも関わると見てよいうであろう。この経済活動は地域の政治勢力にとっても重要であった。

海民

ところでこの海民はいずれに居住したのであろうか。関戸側に集落が存在することを述べたが、その集落に属する一部の人々は東の紀ノ川に出て川漁業を営むと同時に、西の外海に出て釣り漁業をも営み、川から海への結節点の海運にも関与したであろう。近世期、古紀ノ川（現和歌川）右岸沿いに関戸村の村領が存在した。これは古代以来の川漁業に従事したことの証であろう。

なお、後に紹介するように、一一世紀初め、藤原公任《きんとう》が若の浦を探訪した際に、「いり江のほとりにあま《（海人）》の家かすかにて、ふね《（舟）》どももつなぎ、あみ《（網）》どもほし《（干）》などしたるを、都にかはり《（変）》ておかし」との記録を残している。また「あま《（海人）》のすむ浜のいはや《（窟）》の仏」という語が歌に詠み込まれている（『前大納言公任《きんとう》卿集』）。後者の窟は現塩竈《しおがま》神社のことと推定され、前者・後者に登場する海人の集落は現津屋《つや》地区（図1前見返し）とみられる。

網を使用する漁法は川漁業とみられるが、この津屋の集落は何時頃から存在したのであろうか。八世紀の初め頃すでに存在したか否かについては確証を得ない。仮に存在したとすれば、雑賀浦で漁り火を焚き、漁業に従事した海人は津屋の人達であるかも知れない。いずれにしても紀ノ川右岸の陸地に、漁業・海運に従事した海民が生活していたこと、その収穫物・漁獲物は聖武天皇、中央政府の注目するところであった。

称徳天皇の行幸

聖武天皇の女子、称徳《しょうとく》天皇は天平宝字八年（七六四）一〇月再度天皇につき、聖武天皇と同じく即位の翌年、天平神護《てんぴょうじんご》元年（七六五）一〇月に玉津島に行幸した。『続日本紀』の記事は次のようである（訓読みは同前）。

○辛未《十二日》、紀《き》伊国に行幸《みゆき》したまふ。……○丙子《十八日》、天晴《そらは》る。進《すす》みて玉津嶋《たまつしま》に到《いた》りたまふ。○丁丑《十九日》、南《みなみ》の浜《はま》、海《うみ》を望《のぞ》む楼《たかどの》に御《おは》しまして、雅楽《げがく》と雑伎《ざふぎ》とを奏《つかえまつ》らしめたまふ。

このあと一行は一〇月二五日に出立しており、玉津島滞在は足かけ八日間であったことがわかる。玉津島到着の翌日、（用意された）「楼」で雅楽等の奉納が行われた。その場所は「南の浜」とあり、聖武天皇の離宮が築かれた「和中坪」に隣接する現市町の浜と推測される。ここでは「楼」が用意され、「玉津嶋の神」「明光浦の霊」への奉納が行われたとみられるが、歌の奉納はなく、地上より僅かばかり（形ばかり）高い位置での儀式であり、聖武天皇の詔に見られる意欲や神聖性は感じられない。

滞在中には、一時的な市（後の地名「市町」のはじまり）を開き、庸調《ようちょう》の免除、田租《でんそ》の減額、地域役人の官位昇進等を措置した。前天皇の先例を踏襲し、即位に際して地方に出かけ、紀ノ川河口の勢力との和合を図っているが、孝謙《こうけん》天皇に即位の時は玉津島行幸をしていない。時の政治状況によって実施したと理解される。

桓武天皇の行幸

続いて、平安時代のことになるが、桓武《かんむ》天皇が即位から二〇年以上経過し、平安京遷都《せんと》一〇年後の延暦《えんりゃく》二三年（八〇四）一〇月、玉津島に行幸した。『日本後紀』に次のような記事がある（読み下しは『増補版 歴史的景観としての和歌の浦』による）。

○壬子《（十月）十一日》、紀伊国の玉出嶋に幸したまふ。○癸丑《十二日》、御船に上《の》りて遊覧したまふ。

出立は一三日で僅か三日間の滞在であった。上記の記事に続いて、「今御坐《おはします》所を御覧《みそなわ》すに、磯・嶋も綺麗《うるわし》く、海瀲《なぎさ》も清晏《きよらか》にして、御意《みこころ》もおだ《（穏）》ひに御坐まし」、それゆえに名草・海部郡の百姓に田租を免じ、国司等の官位を昇進させるとの詔を出している。

紀伊国玉津島に来る直前の一〇月一〇日には泉州日根《ひね》野《の》行宮《あんぐう》に滞在し、この行宮から見る泉州では山野が麗しく、海瀲（海浜）が清い。すなわち国が治まっており、天皇の心が穏やかであるとして、田租免などの措置を講じている。一方、紀伊国では山野ではなく磯や島が麗しく、海浜が清い。玉津島とその周囲の浦を遊覧して、当地二郡が平安であると判断した。要するに海の景色は当地の海産・生活・統治の安定を表すものと理解されている。

なお、この行幸より前、平安遷都の前、延暦四年（七八五）・同六年に（七八七）桓武天皇は河内交野《かたの》で郊祀《こうし》（望《ぼう》祀《し》はその一部）を実施したが、この行幸時祭祀との共通性はない（『続日本紀』）。泉州の国見《くにみ》と対比される行幸時の遊覧＝国見は、平安期、畿内（特別行政区＝都の延長範囲）の南限が玉津島山の浦であるとの認識を示しており、興味深い。

以上のように、奈良朝から平安朝にかけて三度の行幸があったが、記録では、「玉津嶋行幸」とあって、「若の浦行幸」ではなかった。政治世界では「玉津嶋」が聖地性・政治性をもっていたが、一方「若の浦」という呼称は文化・歌の世界で成立したことが確認できる。

【2】あこがれの玉津島社―和歌の世界と参詣―

桓武天皇の行幸から二〇〇年が経過した摂関期《せっかんき》、権大納言藤原公任《きんとう》は寛弘六年（一〇〇九）～長和三年（一〇一四）の間に、子息の少将藤原定頼《さだより》をともなって玉津島を訪れた。

藤原公任《きんとう》の玉津島参詣

『公任《きんとう》集』（『私家集大成』）によると、一行は住吉社に立寄った後に、騎馬で泉州から孝子峠《きょうし》を越え、紀州に入るが、峠を越えた紀州の道には案内者があり、「なりあひ《成合》の松ばら《原》よりゆけば、まこもくさ《真菰草》おいしげり、さわ《沢》にこま《駒》あるもおかしう」、「みどりのまつ《松》こぐら《暗》き中より、しら《白》浪のたつも見とお《通》さる」と景色が記されている。これは現宇須《うず》（図14 39頁）あたりの水辺、現高松（同上）辺りの松の群生（近世近代の根上がり松群生）、入江（現秋葉山南東、図16後見返し）の白波が描かれているが、当時の道（陸路）を知る手がかりとなる。

さて、公任らの旅行目的であるが、「玉津島にまうで《詣》むとて」と記されている。万葉時代、「玉津島」は特定の島を指し、行幸の対象地であったが、ここでも「玉津島」は到着目的地であるとともに、はっきりと参詣対象と意識されるようになっている。また「やう〳〵みやしろ《御社》にいた」り、「御てくら《幣》たてまつ《奉》」った、と記されている。「入りひ《江》のほとり」「あま《海人》の家」や舟・干し網があり、社の近くには「うし《潮》のいはや《窟》」（＝塩竈神社）があり、現玉津島神社あたりに社があったことがわかる。

聖武天皇行幸時に「玉津島の神」を祭ることが命じられたが、八〇年後の桓武天皇行幸時に「玉津島の神」がどのように祭られていたかは不詳である。桓武天皇行幸時の記事からはただちに社（社殿）の存在は想像出来ない。社殿の存在が不詳とはいえ、都では、元慶《げんぎょう》五年（八八一）一〇月玉津島明神に従五位下、延喜六年（九〇六）に従五位上の神位が授けられ、貴族の世界では神として認知され、その地位が少しずつ上昇していた。八～九世紀、聖武天皇行幸をきっかけに、神の依代《よりしろ》として現玉津島社辺りの地が参詣対象となっていたと推測される。玉津島の記事の後に、「吹上の浜にいたり《（到）》ぬ」、「げに名にたがは《（違）》ぬ所なりけり」と記されている。公任が玉津島を目指した背景には、赤人の万葉歌「若の浦に……」への傾倒、その光景への憬れとともに、古今和歌集が一〇世紀初めに編纂され、菅原道真らが注目し始めた「吹上」への憬れがあると指摘されている（『誕生』第二部第一章）。「吹上」は万葉歌にみえる関戸遺跡の集落および「雑賀野」の少し北に広がる砂丘景観で、貴族の興味を引いた。

　貴族の紀行文をいくつか見ておこう。

　摂関期・院政期には、藤原公任・同頼通・同宗忠《むねただ》・同忠実《ただざね》・同頼長《よりなが》ら京都の有力貴族がブームのように玉津島あるいは和歌浦・吹上浜を訪れている。いくつかの紀行文でその様子を知ることができるが、これらでは和歌浦・吹上浜が必ず対をなして登場するという特徴がある。

和歌浦・吹上浜

　藤原頼通（関白）は永承三年（一〇四八）一〇月一八日、高野山から紀ノ川を下り、「御《（雄）》湊口《おのみなと》」で上陸して「吹上浜・和歌浦」へむけて騎馬で進んだ（図17後見返し参照）。経路は「吹上浜」から砂山をこえ、しばらくして「雑賀松原」を経て、「和歌浦」へ向かった。いずれの景色にも感動しているが、砂丘の壮大な景色、和歌浦の松、白浪の水際を馬で散策する風流を満喫し、日が暮れて笠道山（孝子峠、同前）を越え、真夜中に泉州の日根宿に着いたとのことである（『宇治関白高野山御参詣記』）。

　権中納言藤原宗忠は、熊野参詣の帰途、天仁二年（一一〇九）一一月六日朝「和歌浦・吹上浜」を見学しようと思い立ち、塩津《しおつ》（現海南市）から舟に乗り、一時間程で「和歌浦」に着岸した。そこで見た景色は「厳石色々、松樹処々、地形幽趣、風流勝絶」と賞賛されている。その後、馬で三〇町（約三km）北上し、「吹上浜」に着いた。そこの景色は「白砂高積、遠成山岳、三四十町許《ばかり》、全無草木、如踏白雲、誠以稀有《けう》也」「此地勝絶《しょうぜつ》、不能筆端《ひったん》」と、三、四km続く砂丘の大きさ、勝景に感動した様子が記されている。ちなみに遊覧後は日前宮方面へ移動した。

二つの紀行文で、「和歌浦」では松と巌が変化に富んだ奥ゆかしさを生み、(山水画のような)竪《たて》の景色が風流と評価され、「吹上浜」は砂丘の単調かつ横に広がる雄大さの点で、稀有な景色と賞賛されている。万葉時代の「若浦」は、干潟が河口に広がり、かつ入江の変化があり、点描されたような小さい島々という横に広がる景色に特徴があり、それが感動の対象であった。しかし、平安時代の貴族の関心は「吹上浜」の横に広がる景色に関心が移るとともに、「和歌浦」に関しては竪＝高さを持つ幽趣、風流に感心が移ったといえよう。

この他、高野山参詣の途次、藤原忠実は康治《こうじ》三年(一一四四)二月に、その子頼長は久安《きゅうあん》四年(一一四八)三月に、粉河から吹上浜・和歌浦を訪れている(『台記《たいき》』)。ここでも吹上浜・和歌浦はセットである。

玉津島社の祭神

玉津島社の祭神については、薗田香融氏の次のような説が説得的である(『増補歴史的景観としての和歌の浦』、同氏執筆部分を要約)。

『日本書紀』に、允恭《いんぎょう》天皇と妃「衣通《そとおり》郎姫」との相聞歌の話が見え(五世紀前半頃)、一〇世紀初め成立の『古今《こきん》和歌集《わかしゅう》』序に、「小野小町は古の衣通姫の流なり」と述べてあることから、相聞《そうもん》歌の交換が「和歌の起源をなす物語と考えられるようになった」。また、北畠親房《きたばたけちかふさ》『古今集序注』に、病気の光孝《こうこう》天皇の夢枕に衣通姫が表れ、そのお告げにより、仁和《にんな》三年(八八七)、右大臣 源 隆行《みなもとのたかゆき》を派遣して、玉津島の社殿を造立させた。しかし源隆行の実在は確認できず、この説は事実ではない。とはいえ、津守国基《つもりくにもと》(一〇二三〜一一〇二年)の家集にも玉津島の神を衣通姫の垂迹《すいじゃく》(仮の姿で現れること)とする説が述べられていることを紹介し、「平安中期にはすでに祭神を衣通姫とし、和歌の神として崇敬する伝承が成立していた」と指摘している。

御子左《みこひだり》家の玉津島崇敬

薗田香融氏は、歌道宗家である「御子左《みこひだり》家」について次のように述べる(薗田同前共著書より引用)。

和歌の浦を歌道の聖地と見なし、玉津島の神を和歌の神として敬う観念が強調されるのは、貴族社会を中心に和歌文学が発達の極みに達し、秘伝化の傾向を見せ始める平安末・鎌倉初期のころからであった。古今伝授《こきんでんじゅ》ということが始まり、歌道の宗家が成立するのも同じころであり、……藤原俊成《ふじわらのとしなり》とその子孫が歴代、歌道の宗匠《そうしょう》と見なされるようになった。

同家は俊成――定家《さだいえ》――為家《ためいえ》――為氏《ためうじ》と継承され、為家の頃から玉津島社への崇敬が高まる。為家（一一九七～一二七五）は弘長《こうちょう》三年（一二六〇）三月一門の子弟を率いて住吉社・玉津島社に詣で、社頭で歌合を興行した。その長男為氏（一二二二～八六）も玉津島社を深く崇敬し、建長《けんちょう》二年（一二五〇）作の「人問はば見ずとやいはむ玉津島かすむ入江の春のあけぼの」という一首が有名であるが、既にこの頃玉津島を来訪しており、父の玉津島参詣より一〇年も早い。弘長三年・正嘉三年（一二五九）・建治二年（一二七六）にも玉津島を訪れ、歌合を主催するとともに、四回目には玉津島の社殿の造営を試みている。しかし造営は成功しなかった（『東野州聞書《とうやしゅうききがき》』）。ちなみに、「人問はば……」の一首は、「『岩山に松』の光景を楽しんだ平安時代の文人の好尚よりも、静かな入江の風景を詠んだ赤人の歌に通ずるものがあるように思う」と評されている（同前薗田共著書）。

為氏の子為世《ためよ》（一二五〇～一三三八）も元応《げんおう》元年（一三一九）玉津島参詣、歌合興行を行った。彼らの玉津島参詣は勅撰和歌集の撰者任命と関係しており、その任命をめぐって御子左家は二条家・京極《きょうごく》家・冷泉《れいぜい》家とに分裂し、二条家為世が後醍醐《ごだいご》天皇の勅撰集編纂の命を得て、二条家が後継の家となった。このように「御子左家・二条家は玉津島の神を和歌の神として厚く崇敬してきたが、その行き着くところ、玉津島明神を京都に勧請するに至った。」（同前共著書）。貞治六年（一三六七）二条派の指導的歌人頓阿《とんあ》の勧めで将軍足利義詮《よしあきら》によって新玉津島神社が京都烏丸《からすま》五条に勧請された。

慕帰絵詞《ぼきえことば》と玉津島社頭

『慕帰絵詞《ぼきえことば》』一〇巻は本願寺（浄土真宗）第三世覚如《かくにょ》（一二七〇～一三五一）の一代を描いた絵巻で、南北朝時代の作である。覚如自身が和歌の浦、玉津島を訪れ、法楽歌を奉納したのは一四世紀のはじめころである。ところが偶然にも玉津島参詣を描いた第七巻は紛失したため、文明一四年（一四八二）に蓮如によって後補され、その頃の景観を知ることができる（『続日本絵巻大成4　慕帰絵詞』中央公論社）。なお絵は藤原久信、詞書は飛鳥井雅康《あすかいまさやす》（宋世、雅親弟）と、当代一流の作家・書家であった。

一五世紀後半期に描かれたこの絵には、玉津島の社頭に数本の絡まった松の巨木に向かって覚如ら参詣者が礼拝する姿が描かれている。社殿はなく、樹叢《じゅそう》がご神体として扱われている。この巨木の松は幹から分かれた根の部分が地表に現れているという、この地域独特の「根上《ねあが》りの松」であろうと推測されている（同前薗田共著書）。『東野州聞書《とうやしゅうききがき》』（一四五三年頃成立）には、社殿はなく、神体としていたのは一本の古松と記され、堯憲《ぎょうけん》（一三九一〜一四五五）の『和歌深秘抄《わかしんぴしょう》』に玉津島は荒磯であるため、社殿は立ちゆかず、七本の松を社殿に見立てて奉祭していると記されている。両書が実見の上で書かれたものか不詳である。禅僧歌人の正徹《しょうてつ》は永享《えいきょう》一一年（一四三九）八月二二日に玉津島に参詣し、「社頭松」と題して「くもら《（曇）》じな松を宮居に鏡かけ　つくりみが《（磨）》かぬ玉津島山」と詠じた（「つくりみがかぬ」は社殿がないの意であろう）。この頃には造作された社殿がなく、「根上り松」の老巨木が神体、あるいはその奥に神体の鏡がかけられ、その辺りが社頭と理解されていたことは間違いない。

先に藤原公任が「みやしろ」に到着したとの記述を見た。社頭がどのようであったか詳細は不明であるが、ともあれ一一世紀初め玉津島社の場所は明確であった。その後、為氏が建治《けんじ》二年（一二七六）頃（一時を除いて）社殿はなかった。とはいえ、弘長三年（一二六〇）や元応元年（一三一九）に社頭で歌合が行われていた。そして一五世紀の社頭は上記の様相であった。特定の場所が神聖な、社頭・社地として認識されていたことは間違いない。

「若の浦」と「和歌の浦」

最近の研究では、「『若の浦』から『和歌の浦』へ—和歌の聖地を意識した表記の変貌—」あるいは「『和歌の浦』の誕生の時期」というテーマで、次のような点が強調されている（『誕生』第二部第一章）。

万葉集で確立した「若の浦」＝成長途上の若い海岸、という認識が、和歌を意識した「和歌の浦」へと変わっていくのは、平安時代中期以降、およそ西暦一〇〇〇年から一一〇〇年の間であることが明らかになった。

前段の「「若の浦」＝成長途上の若い海岸」という認識について、必ずしも説得的ではないと先に述べたが、後段は注目すべき内容がある。すなわち、「『和歌』を意識した地名『和歌の浦』」という指摘は、例えば、「和歌の浦廻《み》」が「歌合わせを見学すること」を意味するなど、「わか」が「和歌」の意味で使用されるようになること、地名「和歌の浦」が同時に和歌世界（文字表現）をかけ、両様の表現が込められていることを指すようである（同前）。

そして「ともあれ、平安時代後期に『和歌』を意識した地名『和歌の浦』が新たに確立したことによって、和歌の浦は和歌を詠む人々にとっての聖地となった」。中世には「和歌の神として崇拝されるにいたる」と位置づけの変化、推移が指摘されている（同前）。

「和歌浦《わかのうら》」表記の性格変化

たしかに、先に見た藤原公任の紀行文では、入江、漁村人家、社、窟をめぐったあと、「わかのうらよりかへる（帰）に」老人と出会い、「年をへてわかのうらなるあま（海人）なれど……」と詠んだ歌が記されている。ここの「わかのうら」は赤人の反歌が地名となった「若の浦」であろう。「和歌」という文字を使用した痕跡はなく、その必然性もない。

ところが、藤原頼通・同宗忠の記録には、「吹上浜」と対となり、明らかに漢字で「和歌浦《わかのうら》」と表記されている。この変化を、『誕生』執筆者三木氏は「十一世紀後半には、既に「わかのうら」の「わか」には「若」でなく「和歌」を充てることが、都の貴族たちに一般的に浸透していたことがうかがえる」と説明している。

「和歌」を意識した地名「和歌の浦」（和歌母班を持つ地名「和歌浦」と呼ぼう）の誕生は、都では地名や土地の実情から遊離した現象が生じ、逆輸入として、土地「わかのうら」に対して聖地としての価値を付与した。このような現象が一一世紀後半に生じた。この事実の指摘は納得できるものである。

和歌母班の地名「和歌浦」は、地名の観念化、抽象化を生み出し、京の貴族には（「吹上浜」とセットの）特定イメージを付随、定着させた。これは文化発展の一形態かも知れないが、「和歌浦」ははたして全面的に「和歌」（歌）を意識した地名としてのみ普及したのであろうか。

そうではなく、要に位置する「玉津島」、「玉津島明神」が衣通姫と解釈され、和歌の神と位置づけられるようになると、「和歌浦」自体はかえって和歌イメージから遠のいてゆく。すなわち、一五世紀頃になると「和歌・玉津島」という併記が見られるようになり、和歌の神イメージは玉津島に集中され、一見、逆転現象が展開したとみられる。

併記された「和歌」「和歌浦」に歌＝和歌の影は薄れ、「和歌」「和歌浦」は純然たる地名として理解されている。これは「和歌」の語が、文学的表現（歌）と遊離して、地名としてのみ普及していることを意味している。

玉津島明神

律令国家体制のもとで、玉津島（神）の神位は、嘉祥《かしょう》四年（八五一）正六位から始まり、元慶《げんぎょう》五年（八八一）従五位下（『三代実録』）、建治元年（一二七五）に従一位が授けられ、式内社ではないが、順調に上昇した（玉津島社文書「玉津島神位勘例《かんれい》」）。延喜《えんぎ》六年（九〇六）従五位上授与の際に「玉津島明神」と記されている（『紀伊続風土記』）。

「明神」号は神に対する尊称であるが、一二世紀頃より、祭神が衣通姫（允恭《いんぎょう》天皇妃）との認識と関連して使用されている。列挙すれば、元暦《げんりゃく》元年（一一八四）「和歌・吹上、衣通姫の神とあらはれ給へる玉津嶋の明神」（『平家物語』巻一〇、横笛）、同年「和歌浦、玉津島の明神を伏拝み給ふ」（『源平盛衰記《げんぺいじょうすいき》』巻四〇）、正平《しょうへい》年中（一三四六－七〇）「衣通姫……是を玉津島明神と申なり」（『古今集序註』）、文明《ぶんめい》一八年（一四八六）「玉津嶋明神は衣通姫の霊也」（『蕉軒日録《しょうけんにちろく》』）、明応《めいおう》二年（一四九三）「玉津嶋明神は衣通姫也」（「和歌深秘抄《わかしんぴしょう》」）というようである。

戦国期には後奈良天皇（一四九七－一五五七）が「南無《なむ》玉津嶋明神」という神号を揮毫《きごう》している。京都において玉津島信仰が強く存在するが故にかかる揮毫がなされ、おそらくこの宸筆《しんぴつ》が貴族層の間で大切に保持されたと考えられる。なお、この後奈良天皇宸筆神号は現在、玉津島神社に保存されているが、これは江戸時代になって、六代目藩主徳川宗直が享保五年（一七二〇）に玉津島社に寄進したもので、戦国期に後奈良天皇が中世玉津島とどのような関わりを持ったか、揮毫時以来の経過や、宗直がどこから入手したかは不詳である。

京都世界における玉津島信仰の高まりと熱狂は、新玉津島神社を京都に勧請すること、この天皇宸筆神号が染筆《せんぴつ》され、保持されることにきわまったといえよう。またこの動きは江戸時代において、天皇・上皇や堂上《どうじょう》貴族達の間で、和歌の古今伝授が継承される形で続いた。

歌僧《かそう》のリアルな眼

室町期には僧形の職業的歌人が地方大名・武士の間で和歌・連歌を広め、歌道にも新風が吹き込まれた（以下、前掲薗田共著書による）。

正徹《しょうてつ》は永享一一年（一四三九）に玉津島に参詣したが、「名に高き其神松をあふ《仰》き《来》きて　心しら《知》る、玉津しま山」と、現地を訪れた感動を詠んだが、同時に、「浪をわれしら《知》ずかけつる言の葉は　あさ《浅》かりけりな和かのうら松」と、現地を知らず、想念に流れていた反省をも詠んでいる。さらに正徹は「さして行たづ《鶴》もあしべ《芦辺》もなかりけりかた《潟》を浪こすしほ《潮》はあれども」と和歌の浦の風景を詠んでいるが、その風景は鶴もおらず、たたずむ芦辺もない寂しい風景であり、また「松うづむ真砂は山もさだ《定》まらず　たえず吹上の風にまかせて」と、干潟に満ちてくる浪＝潮、成長した砂洲の砂山に吹き上げる風という自然の営みがつくり出す寂寥の風景に価値を見いだしている。和歌の浦をあこがれ、言葉の上でのみ賛美する貴族的な態度とは異なった視点が見いだせる。

紀州名草郡《なぐさのこおり》田井庄《たいのしょう》（現和歌山市田井）出身の心敬《しんけい》は、洛外山科の寺に住み、正徹の弟子であった。寛正《かんしょう》四年（一四六三）紀州に帰り「今日はまた手にとるばかりかすむにも　ふで《筆》をぞなぐ《抛》るわかのうら浪」と詠んだ。その注釈に「和歌の浦の辺の、春けしきにむかひて侍る」と記され、和歌の浦の春景色、実際の眺めとそれに対する感動は筆（歌）に表現し尽くせないと述べ、実際の景色を見ない歌作は「かたはらいた《片腹痛》き事」と自戒し、批判している。

次の二例は歌道や玉津島信仰とは関わらず、熊野詣や物見（巡覧）の旅行である。

室町・戦国期の「玉津島」

応永三四年（一四二七）足利将軍義満の側室北野殿は熊野参詣の途次、藤代坂から西方を見てその勝景に感動し、「和歌・吹上・玉津島御め《眼》のまへにみえたり」、「こまやかなる風情、絵にもか《描》きと《留》、めかた《難》し」「御めかれ《離》せぬうら〳〵嶋〳〵のけしき《景色》なり」と記している（『熊野詣日記《くまのもうでにっき》』）。ちなみに「こまやかなる風情」、めかれしない（見ていてあきることのない）「けしき」は海浜部の和歌浦と玉津島についてであろう。パノラマ的に広がる景色は、和歌・吹上・玉津島の三要素で構成されるとの理解がこの頃広く浸透していた。

時代はかなり下がるが、大永《だいえい》三年（一五二三）醍醐寺理性《りしょう》院の僧厳助《げんすけ》は高野山に参詣した際、「住吉・天王寺・和歌・吹上・玉津島・藤代《ふじしろ》・紀三井寺・吉野・多武峰《とうのみね》」を見学したとの記録がある（「厳助往年記」、『改訂史籍集覧』）。住吉・天王寺・紀三井寺は寺社であり、藤代・吉野は場所（名所）かつ神社でもある。とすると「和歌・吹上・玉津島」とならぶ近隣三所はいずれも地名であろう。玉津島は神社（社殿、社地）か万葉時代のような島山か。『熊野詣日記』には「和歌・吹上・玉津島」と併記されている。玉津島は、和歌の浦というやや広い海浜・海と区別された、より狭い限定された範囲内のある場所、すなわち社あるいはご神体松の生えている場所を指すようになっている。なお、文明一一年（一四七九）飛鳥井雅親が「玉津島社御参詣がてら」紀州へ下向し、「彼社に漕ぎ渡り、玉津島・和歌の天神ことごとく御参あり」と記されているが、ここでの「玉津島」は「玉津島社」のことと認識されている（「飛鳥井殿御下向之儀式　俊連《としつら》公自筆」）。

室町から戦国期にかけて、必ずしも和歌に収斂しない和歌の浦・玉津島への旅が登場していることが注目される。和歌に帰結しないが、古代以来の勝景、名所地という価値観が再び強く感じられるようになった。

【3】中世、紀ノ川地域の政治社会と玉津島

第一章冒頭で、玉津島が「紀伊国を代表する古代氏族である紀氏《きうじ》と丹生氏《にゅううじ》がともに神事を行う場所であった」との説を紹介した。丹生氏が祭る高野山

天野社の玉津島「浜降《はまくだり》」神事

鎮守天野丹生都比売《にゅうつひめ》神社（以下「天野社」、現かつらぎ町上天野に鎮座）と紀氏国造家の祭る日前《ひのくま》・国懸《くにかかす》宮（以下「日前宮」）は玉津島と次のような関わりをもっていた。以下、同説の概略（古代～中世）を紹介しておこう。なお、伊藤信明氏の見解（「天野社・日前宮と玉津島」）は上井久義氏の研究（「丹生祝と国造の浜降り」『民俗宗教の基調』所収）を発展させたものである。

まず、天野社の玉津島渡御《とぎょ》が実際に行われていたことを次の史料で確かめておこう。文保《ぶんぽう》二年（一三一八）日前宮の席次をめぐる争論に関する和与状《わよじょう》写（日前宮文書『紀伊続風土記』付録、『和歌山市史』第四巻）が残されている。

契約　和与状事

右丹生大明神毎年九月十六日玉津嶋御幸す。翌月十七日草宮《くさみや》へ入り奉る時、彼の庁の第一間において、天野社惣神主と日前宮人母《ひとも》座席相論の事により、多年御行止め奉るの条、神慮量り難き間、両方和談の儀をもって、向後は座席対座して高下優劣あるべからざるものなり。……この上は相互に神事違乱の儀あるべからず。仍って後日亀鏡のため和与状件の如し。

文保二年戊午六月日　　日前宮人母頼幸　在判

これによれば、ある年九月一六日、天野社の神輿および神主一行が玉津島に渡御し、翌日、日前宮草の宮に渡御し、神事を行う際、天野社惣神主と日前宮人母《ひとも》（神人）の間で座次争いがあり、「多年」（相当長い期間）渡御が中止となった。文保二年「座席対座」という形、つまり両者座席は対座とし、対等な扱いとすることで和談（和解）

が成立したことがわかる。天野惣神主・日前宮人母頼幸の両者の手許に写しが残されている。

『紀伊続風土記』（巻二十）には「（九月）十六日御供、この日神事の後、玉津島岩屋（窟）に渡御の式を行す、是を浜《はま》降《くだり》と云ふ」と記され、また「永禄《えいろく》年間（一五五八〜七〇）神輿渡御の時、風雨俄に発りて、波濤《はとう》窟にうちこみ、御《み》輿《こし》波底に湮没《いんぼつ》す、これより神幸は廃絶」（巻二十二）と記されている。このように、「浜降り」神事は戦国時代まで続いた。中世において玉津島は天野社の御旅所地であったことが確認される。

そして江戸期、「浜降り」は行われなくなったが、江戸期、天野社では二月と一一月に神事が行われ、二月の神事では、一〇日に惣神主や社家は紀ノ川で禊ぎをし、一六日、惣神主は天野社の外鳥居脇にある祝詞棚《のりとだな》から玉津島に向かって祝詞をあげることになっている。このように玉津島との関係は形をかえて継承された。（『丹生都比売神社史』）。

日前宮の「珠津嶋祭《たまつしま》」

ところで、同じ頃編纂の『紀伊国名所図会』（第三編巻之四上「天野社新嘗祭」）には「むかしは当社の神輿《みこし》、玉津嶋のこし（輿）の窟に渡御ありて、日前宮の草の宮にも渡らせ給ひし」とあり、「浜降り」の際、日前宮草の宮へも渡御したことが明記されている。すなわち、江戸期「浜降り」がなくなってからの玉津島遥拝は、同時に国造家の草宮への遙拝でもあった。天野社の神輿・神主がなぜ日前宮内にある「草宮」に渡御するのか。ついで、中世および古代の天野社と日前宮との関係が説明されねばならない。

日前宮を祭祀する紀氏は五世紀頃国造に任じられ、紀ノ川河口平野に農業基盤を持ち、紀ノ川水系に根強い勢力基盤を築き、中央政治にも影響を持った氏族であった（『和歌山市史』第一巻）。国造家（紀氏）では諸々の年中行事（神事）が行われたが、応永《おうえい》六年（一三九九）の「神事記」によると、四月と一〇月に「珠津嶋祭《たまつしま》」が行われていた。「元は三月下旬也」「元は九月也」と注記がある。すなわち、古くは三月・九月に「珠津嶋祭」＝玉津嶋祭が行われており、九月の祭りは次のようであった（上井久義論文、＊追記は伊藤信明論文）。

藺引《いびき》祭事（名草の毛見《けみ》近辺での藺草《いぐさ》穫り）　＊九月上旬
玉津嶋祭（和歌浦の仮屋での紀伊国造の祓《はら》いと物忌《ものいみ》）　＊九月吉日
草宮での静火《しずひ》祭（紀伊国造の新嘗《にいなめ》的祭事）　＊九月十五日から十六日
丹生大明神の草宮入御《にゅうぎょ》（天野社の神主以下の草宮への渡御）　＊九月十七日

「応永六年神事記」（四月玉津嶋祭条）によると、日前宮の人母（上位神官）・中﨟・神人は海水を浴び、分担して、お供えをし、松葉の形の社を造り、仮屋に入り、祝詞をあげるなどの作法や神事が行われた。子細に検討すると、静火祭のあり方と共通点が多く、元々は、「玉津嶋祭と静火祭が一体で、玉津島祭で用意された松葉の社と仮屋で行事が完結する」。「つまり九月十七日の天野社物神主の神事も、国造邸へむかうことなく玉津島で行われていたのである」（伊藤論文）。

「静火祭では国造に千和也（チハヤ）を着せ、その袖に潮をそそぐ作法」があるが、これは「本来国造が和歌浦の玉津島で海水を浴びて行っていた祓い行事」が形を変え、「国造の祓いは静火祭の中に継承された」と位置付けられている（同前）。なお、藺引祭は別の行事であると結論づけられている。

以上のように、「紀国造と天野社物神主がともに和歌浦の玉津島で神事を行って」おり、「両氏族にとっての聖地であった」と評価された。ただし「応永六年神事記」の「元」がいつ頃のことか、これが聖武天皇玉津島行幸の以前か以後かが問題となるが、六世紀末～七世紀初め頃の「紀氏集団」分裂は、国造家紀氏の勢力維持のため、紀ノ川河口部における対岸玉津島での祭礼は重要な位置をしめたものと推測される。これは神亀元年（七二四）を遡ると見るのが自然であろう。

ちなみに、「玉は山にいい、珠は水にいう」（上田万年『大辞典』）との観念から、紀氏は在来玉津島の名を、祓い＝海水浴び、水泡という水辺行事から「珠の島」と呼び替えた可能性がある。

応永六年（一三九九）写の日前宮「神事記」（『紀伊続風土記』）に名草郡毛見郷《けみごう》の浦役が列記されているが、正月から始まって、四月と五月の記事の間に「珠津嶋御祭魚代三貫文　四月十月両度に六貫文」と記されている。十四世紀末頃（あるいはそれ以前）の祭典は四月と十月に行われていた。紀氏の支配する毛見郷の村民（海民）が食饌を提供した。

丹生祝《にゅうはふり》と紀伊国造《くにのみやつこ》

ついで日前宮国造（紀氏）と天野社惣神主（丹生祝氏）の関係を見ておこう。両氏は、文保二年（一三一八）までは、九月一七日に玉津島で共同の神事を行い、その後天野社惣神主が国造邸内の、国造家の祖先を祭る草宮に赴き、共同で神事を行ったが、伊藤氏は「両者の密接な関係」が示されていると指摘している（「日前・国懸宮の応永六年神記について」）。その背景として、「丹生祝氏本系帳」と「紀伊国造系図」の、両家先祖神名の内、例えば宇遅比古命は同一、豊耳命と等与美々《とよみみ》命などが同一であり、祖先神の共通性があるとしている（伊藤信明「天野社・日前宮と玉津島社」）。

六世紀末～七世紀初め頃以来、大阪湾、瀬戸内海、九州北部、朝鮮半島へとつながる水上交通路として紀ノ川は明日香の中央勢力にとって重要であった。上井氏は文保の和解において、天野社丹生氏（惣神主）は国造家神主である人母と同格対座することに不満であったが妥協したと指摘している。同格はトップの国造紀氏で、人母は一等下位だからである。何故それを我慢したか。それは和解による水路紀ノ川の実利があったからと思われる。

高橋修氏は「玉津島神社の歩み―地域政治史のなかで―」（『和歌浦玉津島神社―名宝・歴史・風景』）において、「紀伊国では、院政期に入るころから領域型庄園の成立が本格化し」、高まった紀ノ川水運の重要性について次のように述べている。

> 紀ノ川にもっとも高い依存性をもっていたのは、紀伊国内外各地の寺領庄園からの年貢を……運搬・集積せねばならなかった高野山である。その高野山の紀ノ川水運を担っていたのは高野山の地主神天野丹生津比売《にゅうつひめ》神社

（天野社）に属する神人《じんにん》、いわゆる丹生神人たちであった。彼等は、諸国の年貢を紀伊湊《きいみなと》で受け取り、……高野山下の政所《まんどころ》に搬送する役割を負っていた。

ここでは、年貢米等を受け取ることになっている場所は河口より少し北西へ遡上した紀伊湊と記されているが、紀ノ川河口までの安全輸送が保障されねばならない。河口は日前宮が押さえており、当初の玉津島祭渡御、後の国造邸内草宮への渡御は、この河口航行権の保障と表裏一体のものである。矛盾対立関係は存在したが、妥協により航行権を確保したのであろう。このような関係は、中世後期における紀ノ川流路の変化が影響し、相対的に重要性が低下するものの、戦国期頃まで少なくとも一五〇年以上は続いた。

しかし、戦国期に「浜降り神事」は終わった。天野社の神輿《みこし》が「風雨」（台風カ）で破損したというのは表向きで、その頃、高野山の遠隔地所領支配が弱体化し、紀ノ川河口を通過する年貢米等が減少したからと考えるのが自然であろう。

文明一一年（一四七九）京都の有力者飛鳥井雅親が日前宮国造家に招かれているが、一方の国造家も内紛・下剋上状態で、その後に弱体化した（海津一朗「惣国の風景から和歌祭の風景へ」）。

なお、両家の玉津島や紀ノ川を介した関係が、両家の祖先神につながると認識されている古い時代、八世紀初以前に遡らせる点については疑問無しとしない。少なくとも庄園制の展開との結び付きは一二世紀頃からであり、丹生氏の域外進出が想定できるものの、それ以前の実態は史料的には確定できない。

飛鳥井《あすかい》雅永《まさなが》・雅親《まさちか》の紀州下向

飛鳥井雅康《まさやす》（前出）の一世代上の飛鳥井雅永《まさなが》は、嘉吉《かきつ》三年（一四四三）玉津島社に参詣し和歌三首を奉納したが、「多年の宿願《しゅくがん》を果たさんため」と記している。この時あわせて日前宮にも参拝した（「和歌懐紙」、『図録①』Ⅰ-4）。

雅永の甥（兄雅世《まさよ》の子）飛鳥井雅親は和歌とともに蹴鞠《けまり》の家元でもあり、朝廷内での有力者でもあった。雅親は国造家紀俊連の誘いで、文明一一年（一四七九）紀州へ下向した。この様子を記した国造家紀俊連の記録を見ておこう（以下、海津一朗氏の研究、前出論文等による。「」は同氏、ふり仮名は引用者）。

時に文明十一年己亥夏四月二十三日に宿願おはしますにより、飛鳥井前大納言殿（雅親）法名栄雅、住吉の社に御参詣あり。……「玉津島社御参詣がてらに是非御下向あるべき由」具に申し候。……「同五月四日に此の亭に御下着あるべき由」、……和泉国近木《こぎ》という所まで又お迎えに上せ侍り。……

同六日に……すぐに玉津島え御まいりなり。まづ下の報恩寺え御出で、……その後に紀三井寺、毛見《けみ》郷・船尾《ふのお》郷の舟ども数十艘にて彼社に漕ぎ渡り、玉津島・和歌の天神ことごとく御参ありて後、又御舟にて布引《ぬのひき》へ御付きありて、毛見の浦へ御出であり、……同九日に御上洛あり、……天王寺まで御送の者どもは参る。……

雅親は住吉まで参詣したが、国造家の紀俊連は雅親を日前宮へ誘うため、堺や近木（現貝塚市）まで使者等多数を派遣し、誘により五月四日〜八日紀州に滞在することとなった。その間、玉津島社・和歌の天神（後の天満宮）などを案内し、たいそう丁重にもてなした。この接待には紀ノ川河口左岸の紀三井寺・毛見郷・船尾郷の海民が動員された。すなわち、紀ノ川左岸から右岸へと数十艘の舟がくりだされ、海上を移動した。

この国造家当主紀俊連の紀州下向勧誘は、国造家内や日前宮社家内の指導権快復、さらには当時の紀ノ川筋下流地域の政治体制である「紀州惣国《きしゅうそうごく》」における地位確保、このような地域政治課題を乗り切るために、蹴鞠家元や和歌の家筋の大本にいる飛鳥井雅親の権威を借りようという意図があった。具体的には和歌・蹴鞠二道伝授を承けることが図られたと指摘されている。

国造家の饗応は、飛鳥井雅親の和歌興味とつながった玉津島参詣を核として、そのほかに和歌の天神信仰、紀三井寺観音信仰の紹介、紀州の海上世界とその活況の魅力披露など地域支配者の姿を顕示するものであった。地域社会においては国造家と地侍層の連合との対立が深刻化する一方、和歌文化を担う京都の朝廷・公家勢力は、地方の危うい基盤の上に文化発展の方向性を模索せざるを得なかった。そのような中に玉津島社は存在していた。

近世後期に編纂された『紀伊続風土記』の玉津島神社の説明には次のような記事がある。

玉津島社社家高松氏

天正年間織田氏本願寺を攻る時、……織田氏軍を進め、国中に乱入し、将に雑賀を屠《はふ》らんとす。この時玉津島の祝家《はふりけ》、神体を奉して高松に逃れ、匿《かく》る。これによりて神宝・文書・世々の位階・口宣・家系等悉皆《しっかい》紛失して古の事皆知るに由なし。慶長の初め浅野侯《あさのこう》神殿を作り、高松より帰座なし奉る。

織田信長の紀州攻めは天正五年（一五七七）のことである。この時、玉津島の「祝家」（社人）は「神体」をもって高松に逃れ、古文書・記録類は紛失したとのことである。この「祝家」の姓は何であり、「高松」の地はいずれをさすのであろうか。

この姓は「高松」（佐竹）、場所は近世関戸村の小名「高松」である。享保九年（一七二四）頃、永全の代に作成された海部郡小雑賀《こざいか》村真乗寺《しんじょうじ》の系図は次のようである（高橋進氏筆写、家系と人別記事を別記する）。

清和天皇――（中略）――①義永――②永覚――③永勤――④永順――⑤永秀――⑥永乗――⑦永伝――
⑧永哲――⑨永茁――⑩永全

①義永　号佐竹三之丞　この人紀州に沈落し、雑賀《さいか》庄高松に住し、和歌浦玉津島明神の神職を生とす。

②永覚　号法名了円　義永長男、この人始（初）めて京都本願寺第八世蓮如聖人に帰依し、明応《めいおう》三歳甲寅六月廿二日本尊を頂戴す也。……玉津島を兼守す。正月七日死す。

③永勤　号法名了尊、永覚一男、この人始（初）めて雑賀庄内塩屋《しおや》村に越し、本願寺十代証如聖人に謁《えつ》す。天文《てんぶん》廿一歳壬子正月廿三日本尊を頂戴すなり。……農作を勤める傍ら医方を好む。此人医道を専業し、玉津島の職を兼守す。行年八十五死す。六月十日。

④永順　号法名了閑　永勤嫡子《ちゃくし》、天正年中織田信長摂州表発向の刻《きざみ》、大坂に於て本願寺光佐聖人の書に随い、本願寺

幕下に属し、丈六嶽相撲山（弥勒寺《みろくじ》山、引用者注）に籠もり居り、小雑賀《こざいか》口の寄手佐久間右衛門尉・羽柴筑前守秀吉・荒木摂津守・堀久太郎・別所小三郎等の歴々人数三万余騎と防戦す。

⑤永秀　号法名西順　永順長子、小塩屋村に居り、医方を傍らとす。延宝二暦《（歳）》霜月九日行年九十二にして寂す。

義永・永覚・永勤の三代が玉津島社の神職を兼職したと記されている。永勤は小雑賀村の対岸塩屋村へ天文二一年（一五五二）に移った（隠居）。また永順は天正五年（一五七七）の信長の紀州攻めの祭に和歌川（元紀ノ川本流）を挟んで対峙したと伝えている。これらの出来事を勘案すると、信長進攻（一五七七）の時、塩屋の真乗寺（隠居寺）永勤が高齢ながら玉津島の神主を兼勤しており、同人が高松へ「神体」を避難させた可能性が高い。ではなぜ高松か。それは元々祖父義永が「雑賀庄高松に住」んでいたからである。

ところで、永順が信長と戦ったのは、彼の寺院真乗寺が雑賀衆（真宗門徒）の有力な寺院（「三十六人衆」）であったからである。「鷺森《さぎのもり》旧事記《くじき》」に書き込まれた三十六人衆寺院名の中に「真乗寺」俗名「高松右馬《うま》太夫《だゆう》」がある。またそれより以前の姿を示す「三拾六人連名」（下津町浄満寺文書）にも「高松右馬太夫」の名が見える（武内善信氏の御教示）。一方、永覚は真乗寺記録に「佐竹馬之《うまの》太夫《だゆう》」とも記され、高松右馬太夫であった可能性がある。三十六人衆の高松右馬太夫は永順であろう。このように代々「右馬太夫」を名乗った。

つまり、義永は高松に拠点を持つ地侍で、永覚の代に真宗に帰依し、小雑賀村に真乗寺をもった。真乗寺の山号は「高松山」である。かれらの祖先は佐竹姓としているが、高松を拠点としたので地名「高松」が姓のように使用され、そう呼ばれた。なお、永順は玉津島神職を勤めたとは記されておらず、弟等がその職を引き継いだ可能性がある。江戸期の社家は代々「高松」姓であった。

ちなみに、飛鳥井雅親が紀州へ下向した文明一一年（一四七九）には、永覚かその先代義永の代と見られるが、義永は他所から紀州へ移動してきたように見える。では、それ以前の玉津島神職はどのようだったか。これについては手がかりとなる史料がなく不明である。

中世の玉津島道

日前宮の珠津島祭や高松の社家が玉津島社を管理する際、玉津島社へ通った道はどの道であろうか。『紀伊続風土記』海部郡関戸村《あまぐんせきどむら》の項に、高松について次のように説明されている。

村の北五町余にあり、家数十三軒許。小き岡ありて松樹生い茂れり。東の方二町許にあり、其間今は平野なれども、南北に通りし細道あり。これ和歌浦の古道の跡なりという。ここ古は必松原なるべし。関白頼通公の記に、雑賀の松原を経、和歌浦に向わしめ給うといい、大納言公任卿の集に、なりあひの松原よりゆけばという。皆ここをいいしなり。高松の茶屋三軒、亀屋・松屋・竹屋という。

江戸後期、高松の集落には「小き岡」があり、松が茂っている（それ故高松と呼ばれる）。集落の東二町（約二〇〇m）に南北の「細道」があるが、これは「和歌浦の古道の跡」と比定している。この引用に続いて江戸期に整備された「和歌道」の西四〇間（約八〇m）に（南北の）「古道」があると記されているが、これは上記「古道の跡」に繋がっている。

図14（39頁）のように、この道Aは高松より南で関戸集落（本村）を通り、雑賀山の北東麓に通じている。北から南にかけて海抜五・二m（現在の津波表記では六・〇m）～三・八mであり、冒頭で紹介した関戸遺跡のある地域を通る道である。この道の南東先は現在和歌浦の集落（「和中坪」、おおむね海抜五～六m）を通過し玉津島社の直ぐ近くへ繋がっている。この道が「玉津島道」である。江戸期の東照宮に通じる和歌道と集落内でほぼ十字に交差している（図1前見返し）。この道は古くは藤原公任が通った可能性があり、戦国期に真乗寺僧高松氏（佐竹氏）が高松から玉津島へ日常的に通行した道である。和歌浦から高松へ避難したのもこの道であろう。

なお、この道の北A′は高松集落の北東低丘陵（現忠霊塔）を越え、湊に通じる現長町筋に繋がり、湊の丘陵西を通り、古くは孝子《きょうし》峠・泉州へ通じたものと推測される。また日前宮の関係者が紀ノ川左岸からは玉津島へ通う道の一つは高松（現高松交差点、図16後見返し）でこの道に接続している（次述）。

日前宮〜玉津島の道

日前宮《にちぜんぐう》〜玉津島社の道筋は三通り想定できる（図14次頁）。一つは現手平《てびら》（近世初期「小宅《おやけ》村」）集落を通る道、二つは中島村・小雑賀村を通る道、三つ目は和田村など紀ノ川左岸内陸から紀三井寺迄行き、そこから舟で対岸へわたる道がある。紀ノ川をどこで渡るかという違いである。明治一九年（一八八六）陸軍測量部作成の地形図と現代の「国土基本図」（和歌山市作成）を用いて検討しておこう。

まず一つ目A。『紀伊続風土記』名草郡手平村の項（巻一二）に「古の郷名に大宅《おやけ》あり、即（則）この地なり、（中略）大宅は即（則）屯倉《みやけ》のある地なるを以ていふ」とある。編者はこの地に古代の屯倉（政府管轄の収税御蔵）があったと推定している。古代から政治経済の拠点であったからここを渡った可能性は高い。明治期の地形図によれば、手平村の地先の沿岸（右岸）から舟で渡ると対岸塩道《えんどう》（現鷹匠町）に着岸する。川岸を少し南下すると、宇須村集落南端から南西に延びる里道がある。この里道は海抜五〜六mで、左（南東）部は一挙に海抜約三mに落ちている。この低地は古くは紀ノ川右岸の大きな入江であり（地名宇須の語源は入江の「渦」）、川近くは海抜一・三mで河原地に連続していたものと推測される（図16後見返し）。この里道は高松へ通じ、前述の玉津島道とつながる。戦国期、塩道は和歌川（古紀ノ川本流）「渡し」の一つであった（『南紀徳川史』第六冊「佐竹伊賀書出」）。

二つ目B。『紀伊続風土記』名草郡中島村の項（巻一五）に次のような記載がある。

古は入海なりしに……いつとなく洲渚になりしを、日前宮の社人等玉津島往来の道筋なれば、家居を作り、土地を開墾せし故、中島の名あり、今に日前宮の社人多く住せり。慶長以前までは村中塩浜多し。今は平野の中にて熊野街道となり、塩田《シホハマ》となすへき形なし。

中島村の集落は日前宮の南西三km余（直線距離）の位置にあるが、中世、玉津島へ通行する道筋にあり、日前宮の社人が住んでいたと説明している。この「道筋」はいうまでもなく東西の道であり（南北の熊野街道は江戸期以降

図14　中世玉津島への道（推定図）　付、近世の道
＊背景は明治19年参謀本部陸軍部測量局仮製地形図
（柏書房『明治前期関西地誌図集成』より転載し作成、一部改変。本文3・4・20・37・159頁）

A 中世の道1	A′ 泉州との陸路	B 中世の道2	C 中世の道3
D 中世の道4	E 近世の和歌道	F 近世城下への道1	F′ 近世城下への道2（孝子峠越え）

に整備)、西方には小雑賀村の集落があった。そして集落のすぐ西に和歌川(古紀ノ川)の渡しがあり、左岸着地は打越《うちこし》である。宝暦《ほうれき》六年(一七五六)の絵図に左岸「舟渡場」右岸「渡シ口」とある(森幸安「紀州和歌山和歌浦之図」)。打越の先、真西には高松が位置している。但し、高松は海抜五~六mほどであるが、その手前東は海抜が三m程度で、低地が打越まで続いている。この低地が安定してからは最短距離で打越の渡し・高松間が移動できるが、安定する以前は、現宇須井原神社のある上記の里道へ大きく迂回して、高松集落の東の道に出たものと推測される。なお、中世において中島村の村領には塩浜が多かったとしているが、たしかに江戸初期の慶長検地では、中島村の小物成《こものなり》高(塩生産高)約六九石、小雑賀村は一〇七石余であり、指摘通りである。とはいえ、米麦等の生産を予定した村高がそれぞれ八〇三石余・五一七石余であり、かなり大きな生産力を有し、両村は中世の相当早い時期から農耕集落として発展していた。当然社人等の通行を想定できるであろう。

三つ目Cは、日前宮から陸路南下し、自領の神前《こうざき》村・和田村・坂田村・三葛《みかづら》村を通って紀三井寺村の渡し場から舟で玉津島へ行くコースである(海津論文の図)。珠津島祭りの場合は、海の神事であり、浜ノ宮村民の動員などから三つめのコースの可能性も強い。

古代・中世段階でこれらの内いずれを通行したかは、通行方法(陸路か川利用か)や河流の時代的変化もあり、いずれも可能性があろうが、基本は以上の三ルートと考えられる。それらの組み合わせもあろう。

ちなみに、「熊野独《ひとり》参記」に(紀三井寺と妹背山(島)を結ぶ妹背の渡しより)「少し北の方《あた》り、宗祇《そうぎ》カ瀬と名づく、……松あり、宗祇松と云、往昔連歌師《れんがし》宗祇……ここを渡て玉津島百日まふで(詣)をせし処なり、これによって名とすと云り」とある。宗祇カ瀬は後に寄洲郷《きすごう》(和歌川右岸、現和歌川町と和歌浦東三丁目の境)とも呼ばれたが、ここを渡り(津屋の集落に出て)玉津島に到った。この伝承によると一五世紀中葉期、干潟の陸地化が進み、第四のルートDが形成されつつあったと推測される。ただし宗祇の来訪は不詳。

2 近世武家社会の玉津島社

【1】秀吉の紀州「平均《へいきん》」と玉津島

羽柴（後豊臣）秀吉は信長後継者として全国統一を目指すが、徳川家康との対抗関係から、まず紀州雑賀惣国《さいかそうごく》との対決、紀州「平均《へいきん》」＝平定の南進政策をとった。一五八五年（天正一三）三月、雑賀惣国の内紛・自壊もあり、圧倒的な軍事力によって容易に「熊野果てまで」「平均」＝紀州平定を実現した。三月二六日～四月五日頃には紀伊・和泉両国の百姓を動員して築堤を進め（『和歌山市史』第一巻）、太田城籠城衆に対して水攻めを開始した。水攻めは約一ヶ月続き、四月二三日に太田城を落城させた（同前）。

秀吉の玉津島参詣

紀州進軍、戦闘、水攻め準備完了、持久戦開始の直後、落城以前の四月初め（五日の直後であろう）、秀吉は玉津島社に参詣し、天皇・公家の例に倣《なら》い和歌を奉納した（『豊鑑《とよかがみ》』巻二吹上浜）。

打出でて玉津島より眺むれば　みどり立ちそふ布引の松

秀吉は玉津島から眺望できる紀ノ川対岸河口の布引（砂洲）に生える松（表紙〈カバー〉・図5口絵）を詠んだ。玉津島から眺める緑の点景のある美しい景色を詠んだものであるが、それにとどまらない内容を読み取ることも出来る。句末に「てり《（照）》はふ《（映）》松」と見事に韻を踏んでおり、お供の古谿宗陳《こけいそうちん》和尚が佳作（上出来）と評した。その評では「神、吾君《わがきみ》を祝す、玉津島　緑は新たなり、布引万年の松」と歌の要点を述べている（「紀州御発向之事《きしゅうごはっこうのこと》」）。すなわち、玉津島の神は「吾君」秀吉の紀州平定を祝福しており、布引の松は「万年」（永遠）で、松の緑は「新た」（若々しい）と解説している。松が点景として景色に映え、太陽に照り映えている光景が詠まれているが、秀吉の関心の焦点は松にあたっていた。秀吉は自らに松を喩えているのではなかろうか。天下統一へ乗り出した自分の、行く先の幸運を祈願するかのようでもある。

和歌山城築城と命名

四月初め頃、未だ太田城籠城勢力はあるが、雑賀惣国の解体、紀州北部の支配を展望すると、文化的宗教的象徴である玉津島社への参詣（地の神への挨拶、文化的価値の継承宣言）は優先すべき課題であった。先に見たように玉津島社を維持管理したのは雑賀門徒衆であったから、このような在地勢力の懐柔が重要な課題であった。お伽衆《とぎしゅう》の大村由己《ゆうこ》は明確に「雑賀御征伐」と書いているが（「紀州御発行向之事」）、そのためにこそ、秀吉はお伽衆をつれて参詣し、天皇・公家に倣い和歌を奉納して、勝利者・支配者たることを宣言したのである。吹上・和歌浦・藤代をも遊覧し、茶会を開いているが、とりわけ玉津島参詣は文化的政治的行為であった。

「ポスト雑賀惣国」として和歌山城の築城は、四月一三日以前に普請が命じられていた（同前）。五月八日頃に四国出陣方針が出て、動員体制には変更がみられたが、築城は続けられた（『和歌山市史』第一巻）。築城時はまだ名前がなく、同年七月二日付け秀吉書状に「紀州和歌山に拙弟秀長《ひでなが》置き候。居城相拵《こしら》え、紀・泉両国、残らず申し付け候」とあり、これが地名「和歌山」の初見である（同前）。「和歌山」という呼称は、（立地している）「岡山は、長く和歌浦につづきて（続）、（中略）されば和歌浦につづける山なれば、かくは名付けし」という説が江戸期からあるが、「天正一三年以降使用されたと考えるのがもっとも妥当」である（同前）。天正一三年の紀州大政変により〝和歌浦＋岡山＝和歌山〟が生まれた。雑賀惣国から和歌山（城郭と城下町）へという大変化が起きた。文化的には秀吉の玉津島参詣がその中心的契機であった。

【2】紀州淺野家と和歌の浦・玉津島

関ヶ原合戦後の慶長五年（一六〇〇）九月、戦勝東軍に属した浅野幸長《よしなが》は紀伊国一国（高野山領を除く）大名領主となった。入国後慶長六年から和歌山城の拡大再建、町割、城下町の建設、領内一斉検地等の政策を展開したが、いずれもその後の近世社会の基礎を形成した。

天満天神社神殿造立

文明一一年（一四七九）の日前宮記録に「和歌之天神」と見え（前述）、豊臣時代、城主桑山重晴《くわやましげはる》が天正一六年（一五八八）に荒神社を、慶長四年（一五九九）に本地堂を建立している。これを承けて浅野幸長は、領内一斉検地が終了した後、慶長六年（一六〇一）一一月日に「和歌天神領」として和歌村内で一〇石を寄付した。慶長九年頃から同一一年にかけて天神社の社頭を整備し、拡充した。社殿の棟札は次のようである。

奉行生駒平兵衛尉藤原長兄　奉行 祝《はふり》忠兵衛尉中原利長
奉造立神殿　大檀越《おおだんおつ》浅野紀伊守豊臣幸長朝臣　遷宮左兵衛佐卜部朝臣兼治
慶長拾一丙午年十一月二十四日　大工塀内《へいうち》七郎右衛門尉平吉政

冒頭に天神社の神殿＝本殿を「造立」たてまつるとあり、直前に同形の社殿はなかったが、鳴海祥博氏は山の中腹を西から東へ延びる参道があり、本地堂《ほんじどう》・天神社・荒神社《こうじんしゃ》が並んでいたと推定している（「和歌浦天満宮の建築」『和歌浦天満宮の世界』）。ただ元の形状に比べると「造立」の言葉がふさわしいような大改造であり、桃山建築の粋を示す豪華絢爛な社頭が造成された。この天神社再建には浅野幸長と後陽成《ごようぜい》天皇・近衛信基《このえのぶもと》・卜部《うらべ》兼治《かねはる》らの京都人脈があった（拙稿「和歌浦天満宮の成り立ち」同前所収）。

この天満天神社の造立直後に、藤原惺窩《せいか》が浅野氏から招かれて同社地を訪れ、菅原道真《みちざね》を祠《まつ》る「菅神廟碑文」を起草した。その碑文末尾に「海堧《かいぜん》に拠って神丘を封ず」「教化を敷いて民を由《よ》らしむ」「綿歴邈《はるか》にして天休を涵《ひた》せん」とあり、惺窩は神儒《しんじゅ》（神道と儒学）一致《いっち》による民政論を展開している。天・自然と人の秩序をもとに、領主・民衆の融和を図る、新しい統治理念が模索されている（同前論文）。

玉出島神殿再興

この天神社の神殿造立とほぼ同時に玉津島社の神殿が再興された。その棟札は次のようである（「玉32」明治初期「（玉津島神社由緒書）」）。

生駒平兵衛尉藤原長兄　祝忠兵衛尉藤原吉久

奉再興玉出島神殿　淺野紀伊守豊臣朝臣幸長　遷宮吉田左兵衛佐卜部朝臣兼治

慶長十一丙午年十一月二十九日　＊一説二十七日、現物所在不詳

まず、玉津島社の神殿は「再興」と位置づけられている。中世ほとんどの時期に社殿はなかったが、かつてはあったとの伝統的な認識を前提としている。施主が淺野幸長である点、遷宮を京都吉田家卜部兼治が司った点、浅野家臣生駒平兵衛尉が奉行した点は天神社と同じである。天神社のもう一人の奉行は祝《はふり》中原利長であり、大工が塀内吉政の名が記されている。これに対し、玉津島社ではもう一人、祝《はふり》忠兵衛尉藤原吉久の名が記されている。ところで、天正一六年（一五八八）「造立荒神社」の棟札には「大工藤原作右衛門吉久」とみえる（天神社「関南天満宮伝記」同前所収）。慶長一一年（一六〇六）より一九年以前のことであり、同一人物であろう。この人物が玉津島社の再興を担った可能性がある。祝藤原吉久はかつて荒神社の造立に関わり、後に玉津島社の再興に関わったことから、秀吉紀州侵攻後、（秀吉政権下桑山氏への遠慮により）真乗寺高松氏（佐竹氏）の玉津島社への関与は薄れたという事情が読み取れる。なお、元和八年（一六二二）頃の愛宕山権現社関係記録に「御大工西浜村中原太輔藤原吉久」の名が見える（圓珠院文書）。雑賀庄の大工が玉津島社の祝を勤めた。

ちなみに、「社司」安田家中興の祖藤原吉正は天正一八年（一五九〇）生まれで、天神社再興時慶長一〇年には一六歳であったという（「関南天満宮伝記」）。年令と名前からすると吉久とは親子の可能性がある（これを示す記録

はないが）。雑賀庄中原姓の一統、吉久・吉正らが和歌浦地域の天神社・荒神社・玉津島社等の諸社経営に祝（社司）として関与していたと推測される。その一つの方向が、吉正の東照宮の社司登用となる。

さて、棟上げは一六〇六年（慶長一一）一一月二九日であり、天神社より二五日遅れである。両者の作事は、職人配置を組み合わせほぼ同時並行で行ったと推測される。規模が天神社より小さいので工夫は可能であろう。すなわち楼門《ろうもん》・廻廊《かいろう》・拝殿《はいでん》などをともなって建築された天神社に比べると、玉津島社は小規模、かつ簡略であった。とはいえ、技術水準は同等と見られる。ちなみに、現在玉津島社には近世初期の様式とみられる一対の狛犬《こまいぬ》がある。これは近年修築される以前の本社にあったと伝えられているが、慶長一一年本社創建時に設置された可能性がある。天満宮にもよく似た古い様式の狛犬があり、近世以前の作と推定されている（「関南天満宮伝記」）。

浅野氏は、土地の海に生きる人々の神であった天神社を新しい統治の核に、土地の自然がもたらす神である玉津島社は伝統的な価値の継承、発展を目的として、ほぼ同時進行で、両者の社殿を抱き合わせで一挙に造立させたと見られる。なお、天神社とその鳥居は南面し、玉津島社社殿は（次述名古屋城障壁画によれば浅野期より）ほぼ東面している。前者は南の海を、後者は東の川（旧紀ノ川本流、対岸に日前宮の世界がある）を担当しているがごとくであり、このように二社あわせて和歌浦の神の世界が確立した。

古代中世において、玉津島社の神社としての実態はよくわからない。戦国末期には中世庄園勢力の日前宮や丹生神社の軛《くびき》から解き放たれ、実質的には地元の真宗勢力によって維持されてきたが、近世になると大名権力（紀州藩）の保護下に入った。当初は脆弱《ぜいじゃく》な基盤しかなく、経済的に困難な状態であったが、ともかく武家権力による保護が確立した。

名古屋城障壁画《しょうへきが》の世界

「名古屋城本丸《ほんまる》御殿《ごてん》対面所《たいめんしょ》次之間」の障壁画《しょうへきが》は、慶長二〇年（一六一五）四月に浅野幸長の娘春姫《はるひめ》が徳川義利《よしとし》（後の尾張徳川義直《よしなお》）に嫁ぐに際して、婚礼儀式の行われる本丸御殿次の間に、狩野甚之丞《かのうじんのじょう》が描いた作品である（武田恒夫『狩野派絵画史』）。米田頼司氏は、これを伝統的な手法による名所絵ではなく、「当世風俗」を描いた作品と位置づけた。以下、米田氏の指摘（「名古屋城障壁画に描かれた和歌浦天満宮とその社頭」）を踏まえ、この絵画から読み取れる点を指摘しておきたい。

まず南側に紀ノ川・街道、東側に城下・吹上浜、北側に天神社・舟上芸能興行、西側（図5口絵）に玉津島社・輿の窟、紀三井寺と展開しているが、天神社と玉津島社は造立直後の景観が忠実に描かれ、紀州和歌山城下から和歌浦までの景観を再現している。近世和歌浦を描いた最古の絵画である。

天神社の社頭には鳥居・楼門・拝殿・本殿等がみられ、西方に民家群（祝家や漁師家等か）も見える。また、玉津島社の社頭についてみれば、松の繁茂する小丘の間の平地に社殿があり、その前に少しばかりの空間（境内）があり、参詣者が集まっている。しかし鳥居は描かれておらず、参詣の一行が社殿を探している様子が描かれているが、天神社社頭と比べて、社頭（境内）と一見してわかるような景観ではない。ちなみに公家の一行が案内人なしに参詣に訪れているが、周辺で働く人々や、腰刀を指した別の一団とは、衣装風俗の点で違和感のある参詣者である。玉津島社の「再興」は（浅野幸長の京都人脈もあり）京都にも知れ、公家の関心をもたらしたと見られる。伝統の復活が垣間見られる。

自然地形についてみると、現状と同じ配置で輿の窟と鏡山（後世の名称）が描かれている。輿の窟前、津屋集落の前には舟が着岸する浜が描かれている。また、天神社麓には入江と浜が円弧をなして形成されている様子が描かれている。砂洲に関しては、入江の向こう側には南東に伸びる砂洲が描かれているがさほど長くない。一方、紀三井寺の海側に布引の砂洲が北に伸び、そこに松の群生が描かれている。ちなみに三〇年前の秀吉の奉納歌に詠まれた松は、輿の窟辺りから眺めたこのひとかたまりの群生松であった。このように天神社のみならず玉津島社の景観を知ることができる。

この障壁画で注目すべきは、「和歌浦と秀吉の平定以降に建設される和歌山城下とが一続きにして描かれ」、それは「浅野幸長の治世と平和を賛美する意図」が読み取れるとの米田氏の指摘である（同前）。絵師狩野甚之丞は絵画作成のため施主徳川義利（後義直）の計らいで紀州和歌浦に足を運び（武田恒夫『狩野派絵画史』）、おそらく幸長の案内で現地を見学したと推測される。幸長方の「天下太平」の披瀝《ひれき》と甚之丞の風俗描写の意欲が相まって、和歌山城下と天神社・玉津島社のある和歌浦、その間に位置する道沿い吹上浜、集落等を含めた地域の人々の生活の様子（風俗）、紀三井寺と連続的一体の景観が絵巻物のように描かれた。このような「永続する天下太平」の治世下、玉津島社は理念的には古代的中世的な伝統的要素（「明光」という土地の神秘性、「和歌」の聖地性）をもちつつ、それが容認されて復活した。天満宮となった天神社や、後に勧請される東照宮とは異なった、玉津島社の新しい歩みがここから始まる。

【3】徳川頼宣《よりのぶ》による社頭整備、拡充―徳川の玉津島―

社領の整備と鳥居

元和《げんな》五年（一六一九）、浅野氏（長晟《ながあきら》）が安芸広島に転封した後、徳川家康の一〇男頼宣《よりのぶ》が駿府《すんぷ》から和歌山城へ入り、紀伊国一国（高野山領二万石余を除く）と伊勢国の一部を合わせて五五万五千石を領有した。徳川頼宣は紀州入部後約四〇年の間、東照宮の勧請と維持体制の確立、東は妹背山《いもせやま》多宝塔《たほうとう》・養珠寺《ようじゅじ》の確立と周辺整備境内の整備、北は愛宕山《あたごやま》の整備など、和歌浦全体の整備に努めた。和歌山城から和歌浦への道も新しく設置した。戦国期にみられた新しい民衆的秩序の萌芽は続かず、和歌祭り等の民衆的要素も組みこみつつ、従前の文化的特性を生かしつつ、徳川氏によって平和の体制が構築された。このような中での玉津島社の整備について見ておこう。

徳川頼宣は次の寄付状（玉1）のように、入国直後の元和五年（一六一九）一一月、玉津島社に社領を寄進した。

紀州海士《あま》郡玉津島神社領として、名草《なぐさ》郡馬場村の内十石之地、寄附せしめおわんぬ。よって件《くだん》のごとし。

元和五年十一月　日　　源頼宣　㊞

普通、新しい領主が入部すると、従来の所領を願い出て、安堵されることが多い。社領一〇石は天神社と同じである。淺野時代、神殿が「再建」された玉津島社に対して社領は寄付されなかったのであろうか。残念ながら不詳である（寄付状は残されていない）。

慶長一九年（一六一五）頃、社頭は神殿のみで、鳥居はなかった。しかし正保《しょうほう》元年（一六四四）頃成立の「紀州若浦之図」には、神殿の東側に鳥居や、それらをかこんだ玉垣が描かれている。この鳥居については貞享《じょうきょう》二年（一六八五）頃作成の「修繕帳」（玉13）に次のようにある。

一、鳥居破損

これ以前の鳥居も南龍院様仰せ付けられ候へ共、何年月の由失念仕り候。

寛文六年六月七日

以前の鳥居は南龍院《なんりゅういん》＝徳川頼宣によって建立されたが、おそらく江戸初期であろう。徳川氏は社頭整備に運用するため、恒常的な維持費として一〇石（一年の年貢収入は半分程度）を寄贈した。

神殿の修復と拝殿造立

さて、承応《じょうおう》四年（一六五五）、在江戸の徳川頼宣は正月付けで石灯籠《とうろう》一対（二株）を寄贈したが、それまで目立った動きはなかった。万治《まんじ》二年（一六五九）一一月一二日には、頼宣が十年ぶりに帰国するが、これに合わせて万治二年、慶長期建築の本殿修理（外遷宮《げせんぐう》、上葺《うわぶき》）が着手され、これに続いて拝殿設置等の本格的な整備が進行した。雲蓋院《うんがいいん》「天曜寺諸制規《しょせいき》」（宝暦《ほうれき》一〇年、〈一七六〇〉成立）によれば、外遷宮は一〇月一五日、修復完成は一一月七とわかる。修復完成直後に頼宣が帰国した。

「修繕帳」（前出）には「万治二年霜月」に瑞垣《みずがき》・玉垣が「新しく出来」し、「同時」に「御社之上葺」があった。「この節仰せ付けられ候」は「御奉行松下彦十郎殿・栗生理右衛門殿、大工頭中村新平」という記事がある。外遷宮の一ヶ月以内に「出来」（修復完成）ということになり二つの記録は付合している。神殿上葺にあわせて瑞垣等の設置があったこともわかる。

翌年万治三年（一六六〇）四月には「舞殿《まいどの》」（拝殿）が造立された。その棟札は次のようである（玉32・42）。

願主従二位権大納言源朝臣頼宣卿
奉造立玉津島舞殿　壱宇《いちう》
万治庚子卯月吉祥日　奉行　松下氏彦十郎源信綱　栗生氏理右衛門尉藤原重正
大工　中村新平平久光

奉行二名、大工頭は前年の上葺と同じ名前であり、これらが一連の整備事業であったことがわかる。この舞殿（拝殿）には頼宣が三十六歌仙額を寄贈し、掲げられた。それゆえ歌仙殿《かせんでん》とも称された。作家について「修繕帳」には次のように説明されている。

一、歌仙は各公家衆別筆也、
一、公家衆官位姓の札は李梅渓これを書く、
一、歌仙の絵はこうほう（興甫）筆也

すなわち、和歌は公家三六人の自筆であり、官位・姓名の札は紀州藩の儒学者李梅渓《りばいけい》が書き、歌人の肖像画は紀州藩のお抱え絵師狩野興甫《かのうこうほ》が描いた。天神社の三十六歌仙額は淺野幸長が寄贈したが、狩野光信画、近衛信基《のぶもと》（三《さん》藐院《みゃくいん》）筆で、いわば京都派トップの合作である。これに対し玉津島のそれは京都公家＋和歌山の代表的文人の合作であるという特徴がある。

寛文四年（一六六四）六月一日、京都で後西《ごさい》上皇主催の玉津島社法楽《ほうらく》が催され、そこで詠まれた和歌五〇首短冊が玉津島社へ奉納された。なお同様の短冊が住吉社へも奉納されているが、この年から近世の禁中古今伝授《きんちゅうこきんでんじゅ》、禁中法楽が始まった。また同年七月一七日に京都聖護院《しょうごいん》御所で道晃法親王《どうこうほっしんのう》染筆短冊を受領した（藩主を通じて玉津島社へ奉納された）。

社頭の拡充と社領加増

玉津島社では、寛文四年、御製宝蔵《ぎょせいほうぞう》一宇（本社に向って左）・同玉垣一重・番所一宇が築造された。（「修繕帳」）、この宝蔵（神庫《しんこ》）は寛文四年六月一日に奉納された御法楽五十首和歌および道晃法親王染筆短冊を保管するため造られたものである。

このほか、翌寛文五年御供殿《ごくでん》一宇、社前東北の塀や社の南小松原の竹垣が築造され、社家の居宅が造営された。寛文六年には破損した鳥居が再建された。また寛文二年に御簾、同五年に御供殿井・御湯釜・神楽《かぐら》太鼓各一つが寄進された（同前）。

右のように頼宣によって整備された社頭について、のちの延宝五年（一六七七）神殿修繕の際の棟札（写）には次のように記されている。

国主（頼宣）元和より寛文に至り、社境を広げ、松を植え、塀を築き、本社を修め、拝殿を設け、歌仙牌《はい》を懸け、瑞籬《みずがき》・玉垣・御厨《みくりや》・宝蔵・斎館・鳥居等を起し、社領・神物寄附せり。今また国主（第二代光貞）襲継し、所々を修繕す。ここに年重ね本社を葺く。

このように充実された神社施設を維持し、機能させるため、頼宣は寛文四年（一六六四）七月二二日、先の社領に加え、馬場村の内二〇石を追加寄進した。寄進状（玉2）は次のようである。

紀州海士郡玉津島神社領の事

名草郡馬場村の内、今度重ねて二十石の地寄附せしむの事、毎年収納すべきもの也。よって件のごとし。

寛文四年七月廿二日　　源頼宣（書判）

すなわち、先の一〇石と合わせて社領は三〇石となった。同年一二月、玉津島社の祭礼に関する規式勘文《かんもん》が確定した（後述）。この年は玉津島社にとって大きな飛躍の年であった。

社頭の整備、社領の寄進により、徳川頼宣は玉津島社に何を期待したのであろうか。万治二年（一六五九）の海部郡奉行《あまこおりぶぎょう》から玉津島社・天神社・矢宮《やのみや》に宛てた書状が残されている（「矢の宮等諸御用覚帳」玉59）。この三社を仮に「和歌三社」と呼んでおく。

和歌三社の祈禱

一筆申し入れ候、然れば安宮《やすみや》様今度御下向道中御機嫌好く、江戸へ御下着遊ばされ候様に御祈念いたし、御札《ふだ》巻数《かんず》来る二十七日の晩御奉行所へ持参あるべく候。以上。

六月廿五日　　河嶋権八　書判
　　　　　　　西村清左衛門　書判

玉津島神主
矢ノ宮神主

第二代藩主光貞《みつさだ》の正妻安宮が江戸へ下向する道中の安全を「祈念」するため、玉津島社・矢の宮に読経《どきょう》が求められている。これより少し後（寛文七〜一一年以降）次のような指示がなされている（同前）。

一筆申し入れ候。一公方様、一大納言様、一御子様方、一殿様幷御子様達　（原文は横に併記）御一同中の分、右十年以来に仰せ付けられ候御祈念事、何々の御祈禱、何の年に誰に仰せけられ上げ由、具《つぶさ》に書き付け、今明日中に御越しあるべく候。但しうけたまわる仁、覚これなく候とも、御祈念の趣は書き付けあるべく候。御急にござ候間、油断あるまじく候。恐々謹言。

九月四日　　長谷川作兵衛

安田左馬殿
矢田勘兵衛殿
高松甚左衛門殿
河嶋権八

大納言は徳川頼宣、「殿様」は光貞であるが、一〇年間の「御祈禱」の主旨、指示役人について聞き取り調査が行われている。宛名はそれぞれ天神社・矢の宮・玉津島社の神主である。

要するに、藩の指示する徳川家（家族）に関する祈禱が三社に期待されており、これは取捨選択できない役負担であった。

東照宮の境内

寛文九年（一六六九）寺社奉行から玉津島社社司（神主）・天神社神主に出された奉書（玉5・天満宮文書）はそれぞれ次のようである。

和歌浦玉津嶋大明神社頭、殺生禁断《せっしょうきんだん》の事、東照宮境内一円《いちえん》たるによって、先年御証文これを遣されざるの条、社司高松采女この旨相心得らるべきものなり。よって件の如し。

寛文九己酉年九月　日
下条弥右衛門（花押）
大沢善右衛門（花押）

和歌浦天神社社頭、殺生禁断の事、東照宮境内一円たるによって、先年御証文これを遣されざるの条、神主この旨相心得らるべきものなり。よって件の如し。

寛文九己酉年九月　日
下条弥右衛門（花押）
大沢善右衛門（花押）

文中の宛名以外は全く同文である。（東照宮に対して境内地での殺生禁断を触れてあるので）両社は「東照宮境内一円」内の地にあるので、殺生禁断令を触れ出すことはないとの主旨である。この奉書は恐らく矢の宮にも渡されていると考えられる。三社はそれぞれ中世以来の土地の神であったが、元和七年（一六二一）東照社（後東照宮）が勧請されたが故に、「東照宮境内」神社と位置づけられた。

天神社・矢の宮について、少し触れてこう。天神社については、先に徳川頼宣から社領として二三石が与えられ、玉津島社加増直後の寛文四年七月二五日付けで二石が加増され、合計二五石となった。社領の点ではほぼ同じ（玉津島社の方が若干であるが多い）となった。天神山の半分が割譲され、東照宮の宮山（権現山）に充てられた。徳川氏にとって天神社は特別の地位ではなく、玉津島社とほぼ同格の扱いとなった。

矢の宮は、徳川頼宣から社領として三石が寄付され、寛永一四年（一六三七）に正殿一宇・末社二宇・拝殿・瑞垣・内外鳥居が再興、寛文年中に神厨《しんちゅう》・斎館《さいかん》が新しく建立と記されている（『紀伊続風土記』巻二一、延宝五年四月九日の徳川光貞修繕棟札）。その間、万治二年（一六五九）には玉津社と同じく、五日遅れで、正殿（神殿）の外遷宮、上葺が行われたことがわかる（雲蓋院「天曜寺諸制規」）。

二代目藩主光貞《みつさだ》は、延宝五年（一六七七）に三社の修復を命じた。棟札の日付は天神社が四月一日、矢宮が四月九日、玉津島社が六月（日付け無し）となっており、天神社と玉津島社の奉行・副奉行・匠《たくみ》頭は同一人である。矢の宮も同一人の可能性が高い。このように和歌三社は東照宮境内地にある兄弟社としてほぼ同格に位置づけられ、いずれも一七世紀中葉期によく似た過程をたどって整備・修復されたが、藩主徳川光貞の代になると一括して扱われている。

雲蓋院《うんがいいん》の支配

すでに述べた玉津島社の万治二年仮遷宮《かりせんぐう》について、雲蓋院「天曜寺諸制規」には次の記事が特記されている。

玉津嶋之事

一、万治二年乙亥十月十五日、社塔御修復外遷宮につき当院(雲蓋院)第四世憲海《けんかい》僧正幷寺中残らず出勤、遷宮の作法相勤め、同十一月七日御修復出来、正遷宮《しょうせんぐう》につき僧正幷寺中出勤、遷宮作法相勤め、安田主馬佑《しゅめのすけ》奉幣《ほうへい》これを勤め、この節玉津嶋神主甚左衛門《じんざえもん》とこれあり候。

矢の宮の万治二年仮遷宮についても、同じく雲蓋院「天曜寺諸制規」には次のような記事がある。

矢ノ宮之事

一、万治二年己亥十月二十日、御修復につき外遷宮、雲蓋院ならびに和歌寺中・安田主馬出勤、

〆右社も万端玉津嶋同様の儀にござ候、

この二つの記録によれば、玉津島社・矢の宮の修復のための遷宮には、東照宮神主・別当寺《べっとうでら》院雲蓋院が総出で勤めた。つまり両社とも東照宮境内にある神社であるとして、東照宮の別当寺院雲蓋院僧正・和歌寺中《じちゅう》(六坊)が遷宮の作法を勤めた。寺中の管理下にあることから、「両部《りょうぶ》(神道)」で運営されていた。ただし、奉幣は神主安田氏が行った。戦国期、真宗僧侶が玉津島社の管理を行っており、もとより神仏習合《しんぶつしゅうごう》の形をもっていたが、近世になると天台寺院の管理下に置かれたことが注目される。

遷宮が天台寺院の指揮下で行われたが、祭礼は一七世紀半ば頃より吉田神道の強い影響下で実施されることとなった。同じく雲蓋院「天曜寺諸制規」(一八世紀半ば頃)には「前々は玉津嶋も両部にて、運営等は当院より相勤め候。近来までは鰐口《わにぐち》も懸《かけ》これあり候由、只今にては全く唯一のように相成り、万端社家ばかりにて相勤め候様子にてござ候」とあり、この頃以前に、両部神道から唯一神道《ゆいいつしんとう》へと宗教的に巣立っていた。

奉納短冊の虫干し

ところで、寛文五年(一六六五)には、前年六月に奉納された後西上皇の法楽和歌(次述)の「御短冊干《おたんざくぼし》」が始められた。この虫干しも雲蓋院の管轄下で行われた。雲蓋院の「諸制規」には次のような藩の関係役人の書状が書き残されている。

同御短冊干之事（玉津島社）

一筆申し入れ候。玉津嶋にござ候勅筆《ちょくひつ》虫干の儀、伺い申し候処、虫干致し候ようにと仰せ出だされ候。右勅筆入れ候箱の御封、このたび雲蓋院切り申され、又雲蓋院封致され候ようにと仰せ出だされ候間、左様に御申し達し成さるべく候。御虫干仕り候節、飯嶋五郎右衛門御用達《ごようたっし》附き居り申すべき旨仰せ出だされ候間、左様御心得成さるべく候。則ち同書差し越し申し候。御覧成さるべく候。恐惶謹言。

六月二十二日　伊達源右衛門

大沢善右衛門様

短冊の管理・虫干については雲蓋院の管轄下にあることが注目される。なお藩の側は大沢・伊達両寺社奉行の管轄としている。またいうまでもなく、元の箱への収納、封印も雲蓋院が管理した。

手紙をもって申し候。玉津嶋に御納め成され候勅筆虫干の儀、……そなた御勝手次第此両日（二十七・八日）の内御極め成さるべく候。いずれも申し合わせ参るべく候。以上。

六月二十三日　飯嶋五郎右衛門

雲蓋院様

先の書状のように飯島は御用達で、同席することになっているから雲蓋院と日程調整をしている。御用達は一般的寺社管理の職務ではなく、「勅筆虫干」ゆえに、藩主の意向をうけた監督の意味合いがあるのであろう。ともあれ、雲蓋院の管轄は明確である。一七世紀中葉期以降、玉津島社は、文化的宗教的権威（上皇）との独自な関係を形成したが、より優位な政治的宗教的権威（東照宮・雲蓋院）の下にであった。この関係に変化が起きるのは幕末維新期である。

表1 17〜18C. 前半 玉津島社神主家人名一覧

	年	西暦	月	肩書	位階	姓	名・官職等	諱	出典
1	慶長11	1606	11			藤原	祝忠兵衛尉	吉久	棟札
2	万治2	1659	10	玉津嶋神主			甚左衛門		雲蓋院文書「天曜寺諸制規」
3	（万治2）	1659	12	玉津嶋			甚左衛門		[矢宮等諸御用覚] 郡奉行廻状
4	（同じ頃）					高松	甚左衛門		[矢宮等諸御用覚] 郡奉行廻状
5	寛文4	1664	7	神主		橘	吉重		道晃法親王短冊包紙
6	寛文4	1664			六位下		采女正		由緒書（14歳）
7	寛文9	1669		社司		高松	采女		奉書
8	延宝5	1677	6	神主	従六位下	橘	采女	吉重	棟札
9	天和元	1681				高松	采女		淡島神社「雑書留」
10	（貞享2）	1685					「吉重遺書」		修繕帳
11	正徳3	1713	11			高松	采女正		「扶桑拾葉集」奉納状
12	享保5	1720	5	神職	従五位下	高松	采女正		後奈良院神号巻奉納状
13	元文4	1739		神主	従五位下行	高松	采女少輔		『和歌浦物語』（30石社領）
14	延享元	1742	10		従五位下		采女正	房隆	棟札
15	延享3	1744				橘		房隆	披露状
16	明和3	1766	6			高松	刑部少輔		奉書
17	明和5	1768	3			高松	采女正		寄付状

＊吉重は吉久の孫カ

玉津島社神主高松家

前述のように高松（佐竹）永勤は、戦国期、塩屋村に移り、天文二一年（一五五二）に証如聖人から本尊を下付され、修業道場（真宗寺院）を営んだが、医業と「玉津島之職」を兼ねていた。同人は八五歳で死去しているが一六世紀末のことであろう。その子永順は小雑賀の真乗寺を営み、天正五年（一五七七）の信長の紀州攻めでは戦闘に参加している。この頃はまだ親の永勤が玉津島社の社司であったであろう。ではその後はどうなったか。永順がその世話をしたとは記録されていない。

慶長一一年（一六〇六）には「祝《はふり》忠兵衛尉藤原吉久」が再興に関わっている。この人物は真宗門徒として活躍した永順の縁者であろうか。天神社関連の荒神社の造替を司っており、後に天神社の社司となる藤原吉正（安田家祖）の縁者とも見られるので（父の可能性も）、一六世紀末〜一七世紀初頭は、雑賀庄西浜村住み中原姓の祝藤原吉久が高松に避難した玉津島社の世話をしていたのではないかと推測される。

一七世紀から一八世紀半ば頃迄の、記録に表れる玉津島社の社司（神主）を一覧にしたのが表1である。これによれば、一七世紀前半期が不明であるが、万治二年（一六五九）に初見する甚左衛門は高松姓を名乗っている。寛文四年（一六六四）加増、祭典規式習得の時、「神主采女《うねめ》」は一四歳で、正六位下に叙せられた（明治三年由緒書、玉29）。同年七月一七日の道晃法親王の奉納短冊包紙に「神主橘吉重」ともあり、神主采女橘吉重という人物であった。延宝五年（一六七七）の本殿修復を司った同人はその後まもなくして死去しており、この人物は甚左衛門の子であろう。諱に「吉」がつくので、祝藤原吉久の孫の可能性がある。

藤原姓が橘姓に変わっていることもあり、戦国期の真乗寺永勤の高松姓を復活させる形で、玉津島社神主家は継承されたのであろう（吉久の血脈も継承されたかも知れない）。徳川家の時代になると、（徳川家と雑賀門徒衆は対決しておらず）真宗真乗寺関係者が神主家に復帰したのかもしれない。いずれにして一七世紀初め頃、大きな変動があった。徳川氏から保護をえた元和・寛永期の記録が少ないのはその結果かも知れない。ともあれ、玉津島社では高松姓の神主家が明治期まで続くこととなる。

【4】将軍・藩主・村方

将軍綱吉の玉津島社代参——藩主光貞《みつさだ》時代

二代目藩主光貞時代、まず延宝五年（一六七七）六月に各所の修理と本社屋根の葺き替えが行われた。棟札には次のように記されていた（玉32明治初期、玉津島社由緒書、本文読み下し文は50頁）。

和歌浦玉津島社

国主自元和至寛文、広社境、植松、築塀、修本社、設拝殿、掛歌仙牌、起瑞籬・玉垣・御厨・宝蔵・斎館・鶏

栖等、寄附社領・神物矣、今亦国主襲継修繕所々、茲年重葺　本社、

延宝五丁巳六月　日

奉行　喜多村大之丞　源正丘
　　　九鬼半右衛門尉　藤原隆俊
副奉行　岡本五郎兵衛尉　平重興
　　　菅野久太夫　菅原利昌
匠頭　中村新平平久光
神主正六位下高松采女橘吉重

天和三年（一六八三）四月には、「神前大紋畳、面替《おもてがへ》」「玉垣の葺板所々、御繕《おつくろい》」「瑞垣開戸、御繕」「拝殿棟所瓦、御繕」「拝殿角（隅）々隠板の御繕」「北西の土屏三十間、御繕」「鳥居包板の朽《くち》、御繕」「床唐岸竹垣、一通」「小松原竹垣、一通」「私家の棟所の御繕」「河辺道筋の土屏白壁上塗」「座敷畳九状（畳）面替、但床共」「次之間六畳、面替」「次之間八畳、面替」と、神社建物・設備の修繕が広範囲にわたって行われた。これは次の理由による（玉13「修繕帳」）。

右は公方様より御代参として、大聖《だいしょう》護国寺《ごこくじ》・諸国の大社御社参の節、玉津嶋へも御参り成さるべきの由、御書付江戸より参り候につき、寺社奉行所より破損致し申す所々書上致すべきの旨、仰付られ候故、右の通り致し候へば、則ち成され下され候事。この節御作事《おんさくじ》奉行《ぶぎょう》青木四郎左衛門殿。

文中の「公方様」は延宝八年（一六八〇）に将軍となった徳川綱吉《つなよし》のことであるが、綱吉は大聖護国寺や諸国の大社へ代参を派遣したが、これらの大寺社に加え、このたび玉津島社へも代参が派遣されることとなった主旨の書状が江戸から来た。このように代参者（大名）が江戸から玉津島社へ来るので修繕が必要となり、寺社奉行から修繕箇所の書き出しが求められ、作事が行なわれた。費用は下付されたであろう。将軍家から玉津島社へ代参が派遣されたことがわかる。

玉津島社の社格向上は、延宝九年七月一八日に綱吉の娘鶴姫《つるひめ》と紀州藩主光貞の世子綱教《つなのり》との縁組が行われたことと関係しているであろう。この政治的関係が築かれる過程で、玉津島社代参、同社修理が実現した。この時点で近世将軍が参詣する社格を得た。このなお、大聖護国寺は、真言僧亮賢《りょうけん》が徳川綱吉の母桂昌院《けいしょういん》の帰依をうけ、将軍就任翌年の延宝九年、江戸に創建され、亮賢が開山僧となった寺である。

聖護院《しょうごいん》宮と玉津島社

中世以来、近世にはおいても京都の聖護院宮が葛城修験《かつらぎしゅげん》の峰入りに伴って、紀州入りをし、加太の向井家に宿泊し、友ヶ島の修行に参加した。その節、聖護院宮が玉津島社に立ち寄り、その近くの舟付場から友が島へ渡海したことが次の記事（藩家老三浦家文書「御用番留帳」）から判明する。

すなわち、聖護院は寛文五年（一六六五）九月一三日「七ツ半時分（午後五時頃）に紀三井寺より御舟にて妹背山へ御着船。布引の松をも御見物遊ばされ候由。さて妹背山御見物遊ばされ、それより玉津島へ成らせられ候」。そのあと日暮れてから東照宮へ参詣し、雲蓋院（麓にある別当寺院）に泊まった。一四日には「今朝和歌より苫（友）か島へ御渡海」の予定が、「風波のため加太へ上陸した」とある。

また、天和四年九月（貞享元年、一六八四）玉津島社では「御神前大紋面替、二畳」「拝殿の畳面替、十二畳」「社内所々破損」「私宅座敷畳九畳、面替」「次之間六畳面替」「私宅棟之繕」「家の四方土屏所々繕」「門の屋ね（根）幷柱の土際の繕」「裏門の敷居柱の土際繕」を行っている。これは「聖護院御峯入の節、成され下され候」と「修繕帳」（前出）に記載されている。いうまでもなく修繕費は藩の費用である。聖護院が葛城修験の峰入り（修業）で紀州に入国した際に、玉津島社へも立ち寄ることになり、その準備として拝殿の畳の表替えや神主私宅の修理などが行われた。

三年後の貞享四年九月一六日、「聖護院主通（道）祐（若）弱浦に行啓……午初刻、紀三井山に着御、……酉正刻、妹背山・

玉津嶋を御覧、雲蓋院に入御、若王寺《にゃくおうじ》・勝仙院《しょうせんいん》等供奉《ぐぶ》」、一七日「辰時、聖門主、舟より明光浦に行啓、友ケ島云」（『紀州藩石橋家　家乗』）とある。これは加太（向井家）向之坊「万覚留帳」に「和歌より舟にて御渡（友ケ島）」とあり、確認できる（和歌山市立博物館寄託向井家文書169）。また年不詳（一八世紀か）の覚に聖護院が紀三井寺より和歌浦へ渡海し、「御船中にて和か（歌）浦風景をも御詠覧」、和歌浦より友ケ島へ渡海という行程が記録されている（和歌山大学寄託向井家文書D79）。一七世紀以来、聖護院宮は玉津島社へ立ち寄り、和歌浦から舟で友ヶ島に渡海し、舟上から景色を眺めた。

徳川吉宗の対応

紀州藩第一代藩主徳川頼宣の玉津島支援は顕著であったが、その後はさほどの支援は見られなかった。第五代藩主で第八代将軍となった徳川吉宗が、狩野古信《かのうひさのぶ》作「和歌浦図」（表紙〈カバー〉）を玉津島社へ奉納したが、その時期は、古信がお抱えとなったのは吉宗将軍就任後のことであるから、同図の寄贈は将軍後とみられる。

これより以前、吉宗が藩主時代の正徳《しょうとく》三年（一七一三）一一月、水戸の徳川綱條《つなえだ》から徳川光圀《みつくに》編纂の「扶桑拾葉集《ふそうしゅうようしゅう》」が玉津島社に奉納された。酒泉彦太夫・佐治理平次から玉津島社神主高松采女正あての奉納状（玉6）には、「故中納言水戸義公編纂扶桑拾葉集三十五本、水戸中納言殿玉津嶋社神庫に奉納さる者也」とある。差出人両名は水戸家家臣である（小橋勇介「玉津島神社概説」『図録②』所載）。これまでの説明では、突然に水戸藩士が紀伊藩領内に進入し、玉津島社へ奉納がなされたように見えるが、親戚筋とは言え、大藩の家臣が他領内へ許可なしに容易には入れない。正徳二年一一月から正徳六年将軍に就任するまで、吉宗はずっと江戸に参勤していたから、江戸における御三家の交流の中で、吉宗は申し入れを受け、許可したものであろう。この段階で吉宗は玉津島社に対し特別の厚遇はしていなかった。

宗直《むねなお》の積極支援と将軍

紀州藩第六代藩主徳川宗直は伊予《いよ》西条《さいじょう》藩主であったが、正徳六年に吉宗の後の紀州徳川家藩主となり、享保《きょうほう》三年（一七一八）に初入国して、二年後の享保五年五月二〇日に後奈良《ごなら》天皇宸筆《しんぴつ》「南無《なむ》玉津島明神」号を奉納した（『南紀徳川史』）。天神社（天満宮）へは後陽成《ごようぜい》天皇の宸筆「南無天満自在天神《てんまじざいてんじん》」を奉納した（『南紀徳川史』、「関南天満宮伝記」）。新藩主として領内統治を意識してのことであった。明神号の筆跡は「後奈良院懐紙御詠草」（宮内庁図書寮書陵部ＨＰ）とよく似ており、江戸期の鑑定家古《こ》筆了仲《ひつりょうちゅう》（江戸、元文元年〈一七三六〉没）が、奉納前の同年二月に次のように鑑定をしている（玉7、改行略）。

南無玉津嶋明神、右一幅、御奈良院宸翰疑念無きもの也。

享保五子年如月中旬　右筆了仲　印

これを受けて、次のような奉納状（玉8）が添えられ、同年五月、玉津島社へ奉納された。

後奈良院宸翰一幅、今度玉津嶋え納め置き候様にとの思召につき、かくの如く候。以上。

享保五年子五月日　野沢治太夫

高松采女正殿

差出人の野沢治太夫は、吉宗藩主時代、宝永七年（一七一〇）頃の「紀州分限帳《ぶんげんちょう》」（内閣文庫）には三百石「御用達」と出ている。吉宗の将軍就任に際して、野沢は江戸へ下向せず、紀州藩に残った（「御供姓名帳」にない）。すなわち宗直の家臣となったが、そのまま「御用達」の職にあり、宗直の意向を直接受けて神号掛幅を持参奉納したと推測される。なお、古筆了仲は幕府（将軍は吉宗）お抱えの鑑定家であったことから、この神号の鑑定、奉納は吉宗と宗直が連携してことを進めたといえよう。吉宗と宗直は従兄弟であり、少年時代からの知己であった。

ちなみに、後奈良天皇は大永《だいえい》六年（一五二六）～弘治《こうじ》三年（一五五七）の在位で、当然ながら近世玉津島社とは直接関わっていない。「南無玉津島明神」神号掛軸は、在位中に玉津島明神信仰の篤い裕福な人の求めに応じて染筆され、その後近世になり徳川宗直が入手したもので、一六〇年以上玉津島社には辿り着かなかったが、漸くあるべき所に納まったといえよう。

宗直は慶長一一年造立の本社正殿を、延享元年（一七四四）一〇月に修理して、千木《ちぎ》・鰹木《かつおぎ》を新造するとともに、瑞籬《みずがき》を整備した。次のような棟札の記載が記録されている（玉32、同前）。

紀伊国海部郡
玉津島社正殿《せいでん》及瑞籬等、国主権中納言従三位源朝臣宗直卿重修千木《ちぎ》鰹木《かつおぎ》今新造之。
奉行　大島民右衛門　源常夏
　　　落合十右衛門　源甲珍
副奉行　佐藤宇右衛門　藤原利房
　　　荒川平兵衛　源幸杪
小奉行　中村總内　平利久
神主従五位下行采女正　房隆
延享元年十月吉日

中世においては社殿を持たず、貴族層の想念の中にあったが、近世になり社殿・社頭を整えた玉津島社にとって、これら将軍や紀州藩関係者の寄進は、同社の信仰環境を整え、文化的な権威を高め、禁裏《きんり》・仙洞《せんとう》からの使者派遣に対応するのに大いに役立った。近世武家領主とつながり、発展しつつある玉津島社の姿が示されている。

ちなみに同社への絵馬奉納についてみると、初代頼宣は奉納し（時期不詳）、第六代宗直は延享二年正月に、第七代宗将《むねのぶ》・第九代治貞《はるさだ》が初入国時に奉納している。第五代吉宗・第八代重倫《しげのり》は奉納していない（玉15紙背③）。絵馬は代々に奉納されたものではない。徳川家の鎮守社ではなかったからであろう。

和歌村村民の支援

一七世紀において、三十六歌仙の絵が掲げられていた建物は「歌仙殿」と称され（「修繕帳」玉13）、狩野興甫の歌仙額は神庫に保管されるようになり、複製がかかっていた。

一八世紀半ば頃には「神楽屋の舞殿」とよばれている（柏原卓『和歌浦物語』）。この建屋は一七世紀から存在したが、傷んだのであろうか、宗直が藩主であった享保九年（一七二四）八月に「御神楽所《おかぐらしょ》」の普請が行われた。「御神楽所中勘定目録《かんじょうもくろく》」（玉18）という普請の費用決算を書き出した冊子が残されている。作成者は、字体から吉重（采女正）の養子「隼人《はやと》」と推定される。

この普請がどのように行われたかを若干知ることができる。まず費用は、周辺村々からの寄進（表2）により合計銀二貫一一〇目一分五厘が集められ、これまで材木代・石代や大工手間賃・木挽代などの諸費用が合計銀四貫二一三匁一分九厘かかった。不足の二貫目余の約内半分の九五〇目は「借払」と記されている。不足分のその後の処理は不詳であるが、次の二つのことが注目される。

表2　神楽所建築の寄進一覧
享保9年（1724）

	村名等	銀額　匁
1	諸方	262.4
2	二十銭講中	200
3	小雑賀柱講	76
4	関戸村	600
5	西浜村	400
6	宇須村	40
7	塩屋村	50
8	和歌村	230.15
9	雑賀崎・田野浦	100
10	粟　村	70
11	西土入村	44
12	北嶋村	37.6
	合計	2100.14

＊玉18より作成

一つ目は、寄進者の村の範囲が現紀ノ川下流域（右岸も）に拡がることである。銀額についてみると、関戸村が最大の六〇〇目で、西浜村・和歌村がこれに続く。関戸村は戦国期に玉津島社が避難していた字高松を含むが、これらの村々は中世では雑賀郷に属する村々である。戦国期から一〇〇年以上を経過しているが、玉津島社はその頃から享保期まで、雑賀郷に属した村人によって支えられてきた。矢の宮が雑賀郷の氏神であったのとほぼ同じ性格をもっていることがわかる。

二つ目は、材木などの材料供給や職人手間を（有償で）提供している人々の肩書きに、和歌・関戸・西浜・新堀・湊という村名の肩書きが見られることである。すなわち、これら近隣の人々の労働・技術が組織されて玉津島社の普請が行われたが、それ以前の玉津島社の諸造営、諸普請も旧雑賀郷に属する人々を中心とする労働・技術で遂行されたこと、また以後にもされうるといえよう。ちなみに、石材は加太から供給され、「差石《さしいし》」＝据え付けは関戸村の職人が行っている。

玉津島社は周辺の村方によっても支えられており、村方にはその力が保持されていた。この点はこれまであまり注目されていない。

3 玉津島社の和歌文化と天皇・上皇

【1】祭礼の復活

一六五〇年代末～六〇年代初に社頭の整備が進み、寛文《かんぶん》四年（一六六四）上皇法楽の和歌が奉納された。朝幕関係や社会が安定する中で頼宣は再び玉津島社に注目し、祭典規式を確立しようと考え、照高院法親王《しょうこういんほっしんのう》を通じて吉田家の判断を求めた。同年一二月、そこで吉田家は玉津島社の祭式について次の勘文《かんもん》のように判断を下した（玉3）。

卜部《うらべ》兼連《かねつら》の勘文《かんもん》と藩主頼宣

紀州海辺（部）郡玉津島明神応化《おうげ》の神也

聖武帝神亀元年冬十月に紀伊国に幸し、詔して曰く。弱浜の名を改め明光浦とせよ。宜しく守戸を置き、荒穢せしむこと勿れ。春秋二時に官人を差遣し、玉津嶋の神を奠祭せよと云々。

按《あん》ずるに、この神既に明神号を授けられ、且つ二時の奠祭《てんさい》にあずかる。然れば則ち神膳に魚物備え進すべきの事は勿論なり。又春秋の終り、中の卯日を以って祭礼の支干《えと》とせよ。尤も神主祝部《はふりべ》等あるべきなり。

右前日院宣《いんぜん》に因《よ》り、欽《つつし》んで考記する所の趣、かくの如きものなり。

寛文四甲辰年十二月吉曜　　神祇管領長上侍従卜部《うらべ》兼連《かねつら》 印

すなわち、聖武天皇の玉津島の神を祭るようにとの詔があった。これを根拠に、すでに明神号があること、年二回の祭典が許可されているので、祭礼の方式は、魚を神前に供えること、春秋三月・九月の中の卯の日に祭礼を行うこと、司祭は祝家が勤めよ、つまり神祇による祭典復活という主旨である。「院宣」は、寛文三年一月に退位した後西上皇の指示である。

卜部兼連はどのような記録を見て勘考し、祭式を極め、答申したのであろうか。「明神号」は諸々の記録で確認できるが、玉津島社祭礼での魚物お供えは何を前例、根拠としたのであろうか。卜部（吉田）家の権限からすれば、日前宮（国造家）の応永六年（一三九九）写の日前宮「神事記」（『紀伊続風土記』）を見ることは可能であろう。同書に珠津島祭の記事があることは前述した。この書には毛見郷の浦役が列記されているが、四月と五月の記事の間に「珠津嶋御祭魚代三貫文　四月十月両度二六貫文」とある。この祭礼が元は三月・九月に行われていたことはすでに述べた（30頁）。

卜部兼連が勘考する際に、国造家珠津嶋祭が参照されたのではないだろうか。珠津嶋祭りは国造家の祭礼である。玉津島社の春秋二季の祭礼記録は一切見当たらない。玉津島社の祭礼実施が短期間であったため、その祭式は国造家珠津嶋祭に継承されたのではないか。あるいは、先に国造家の珠津嶋祭りがあり、八世紀一時的に聖武天皇がそれを国家祭礼に取り込み、さらに実施されなくなると、再び珠津嶋祭に吸収されたとも考えられる。当否、詳細は後日の検討課題としよう。

頼宣による祭典の実施、代参

卜部兼連の勘文をうけて、寛文五年正月、藩主徳川頼宣は次のように玉津島社に祭典実行を命じた（玉4）。

玉津島神社頽廃已《すで》に久しく、典礼存せず、祭祀の儀復すことなし。去歳の秋、社中に御製和歌蔵すこと有るを考拠し、照高院法親王これを訂《はか》るに就いて、卒《つい》に以って朝廷新院の詔を聞く。神祇管領《じんぎかんれい》長上《ちょうじょう》侍従卜部朝臣兼連の校定する所、かくの如し。自今以後これに沿い、違うべからざるものなり。

寛文五年正月之吉　　　　国主源頼宣誌 ㊞

藩主頼宣はつぎのように命じた。玉津島社の祭礼は永く行われず、元の方式を回復することが出来ない。去年照高院法親王を通じて奉納和歌を収蔵したことから、（親王を通じて）後西《ごさい》上皇に御願いして、その詔で卜部兼連が祭典の方式を校定した。吉田家（卜部兼連）の勘考は権威のあるもので、勘文に明記された祭典規式に従って執行するように。すなわち祭典復興には頼宣の意向が強く働いていることがわかる。

祭典は同年の九月から実施された。すなわち安永《あんえい》九年（一七八〇）の玉津島社の「口上」（「九月代参」の始まりに関する寺社奉行の尋ねに対する返答）に、「寛文五年九月廿日　向井庄左衛門殿御代参御勤め成られ候。以後例年仰せ付けられ候」とある。天皇と院の代参については別途に述べているから、これは藩主の代参のことである。一八世紀末以降の代参の記録によると、藩主関係の代参は九月のみである。すなわち秋祭礼は寛文五年より藩主によって始められた。ちなみに、寛文五年の御供殿・御供所井の建設、湯釜寄進（前述）も、九月祭礼の実施と関わっていた。

頼宣は二年後の寛文七年（一六六七）五月二二日に藩主の座を光貞に譲り、引退した。その翌年寛文八年七月二七日に次の詠歌を玉津島社に奉納した。

和歌のうらに　光をそふる　玉津島　はし《（端）》なき道の　末も頼もし

頼宣は玉津島社の保護を実現したので、果てのない安定的な発展が見通せて、頼もしい限りだと歌った。この玉津島社は和歌の浦に「光をそふる」＝文化的な価値、権威をいっそう与える存在であると認識されている。頼宣にとっての「和歌の浦」は古代王権の文華であり、近世においては東照宮の鎮座する徳川家にとっての聖地である。玉津島社はこれに光と華を添える重要な存在であった。

【2】近世の法楽と玉津島社

禁中の玉津島社法楽、玉津島社への和歌奉納については、鶴崎裕雄・佐貫新造・神道宗紀三氏共著の『紀州玉津島神社奉納和歌集』において翻刻、紹介され、三氏が全面的に研究されているので、その一部を要点のみ紹介する。

寛文四年の法楽

「古今和歌集」の難解な解釈等を子弟の間で口伝《くでん》するという古今伝授《こきんでんじゅ》が成立するのは中世であるが、近世では「禁中ならびに公家諸法度」に「天子諸芸能の事、第一学問なり」と規定されたように、多くの天皇が古今伝授を継承した。前掲書解題によると、寛文四年五月、後西上皇《ごさい》が後水尾法皇《ごみずのお》より古今伝授を受け、その後六月一日に禁中で玉津島社法楽があった。なお、後西天皇は古今伝授を受ける前年の寛文三年に霊元天皇《れいげん》に譲位し、上皇となっている。

和歌短冊はその後、七月一七日に上皇の使者によって、紀州藩役人天方《あまかた》四郎三郎（寄合組）を経由して同社へ奉納された。これを示す史料が玉津島社に残されている（玉87）。

覚

新院御所様御奉納

一御短冊　五十枚　桐箱入御封付　右の御初穂《はつほ》　黄金《こがね》一枚

法皇様より御祈禱

一新院御所様御撫物　乗柳筥《はこ》、御二十八歳　右の御初穂　黄金一枚

これは今度歌道御伝授の御祈禱、行末御繁昌・歌道御相続の御祈禱也、

一中院《なかのいん》大納言通茂《みちしげ》卿三十四歳・日野《ひの》大納言弘資《ひろすけ》卿四十八歳・烏丸《からすま》大納言資慶《すけよし》卿四十三歳

右の御撫物《なでもの》笏《しゃく》二ツ、御初穂黄金　三枚
この三人へも同じく歌道御伝授故、何も法皇様より御祈禱也、
七月十七日　　若王子《にゃくおうじ》
天方四郎三郎殿

年が記載されていないが、内容から間違いなく寛文四年（一六六四）である。差出人若王子は聖護院院家（『近世朝廷人名要覧』）で、「新院」後西上皇の使者である。桐の箱に入れられ、封印された法楽和歌短冊五〇枚は、初穂料金貨一枚が添えられ、紀州藩役人天方に渡された。また同時に、後水尾法皇から新院後西上皇の「行末」繁盛と歌道相続発展を祈禱するための「撫物」（人形）が金貨二枚を添えて渡された。さらに、後水尾法皇からの古今伝授は、後西上皇の外、公家の中院通茂・日野弘資・烏丸資慶にも授与されたので、三人の歌道発展を祈願する撫物、金貨三枚が添えられ、渡された。天皇・上皇が玉津島社に奉納する、つまり初穂納入、撫物を献じ祈禱を受けるには藩を介さなければならなかった。当時の幕府と朝廷の関係に規定されていた。

ところで、同年七月一七日に照高院道晃法親王《しょうこういんどうこうほっしんのう》が和歌短冊を独自に玉津島社に奉納している。同人は寛文四年法楽にも二首の歌を寄せている。道晃法親王の短冊奉納に際してもやはり藩を通したとみえ、その際の御馳走お礼のため、照高院の使者が九月二二日に来和している（三浦家文書「御用番留帳」）。ともあれ、後西上皇使者が短冊や初穂を藩役人へ渡した覚書の日付と、この同時短冊奉納の日付は同じである。玉津島社法楽和歌の同社への奉納日に道晃法親王が注目して奉納日とした可能性がある。寛文四年六月の法楽和歌の玉津島社奉納がきっかけとなって、同年秋に祭典の復興が実現したが、藩主頼宣と道晃法親王との接触が推測される。

天和三年の法楽

ついで、天和《てんな》三年（一六八三）六月一日に玉津島社法楽が禁中で行われた。『お湯殿《ゆどの》の上《うえ》日記』（宮中女官の日記、『続群書類従　補遺三』）の記事をたどってみると次のようである。

まず同年四月、後西上皇は霊元天皇に古今伝授を行った。四月二日の条には「今日より古今《こきん》の御講釈始めさせられ候。新院の御方御幸《みゆき》」とあり、三日の条には「今日も御講釈にて御幸なる」とあり、同月一四日まで「新院」（後西上皇）の講義が続いた。そして同月一六日には「古今御伝授にて新院の御かた御幸。御学問所にて御伝授遊ばされ候。その後つねの御所にて初献《しょこん》……」とある。伝授修了を「切紙伝授」と呼ぶが、その「御伝授」が学問所で行われた。

ついで、古今伝授の後、閏五月二八日の条には「夕方玉津島・住吉御法楽御神事」と記され、法楽前の神事が行われ、二日後の六月一日に歌会があり、「住吉・玉津島の御法楽御詠み上げ、つねの御所上段にて」と霊元天皇が歌を披露したことを記している。

歌会後の玉津島短冊奉納に関して「御撫物《なでもの》、御たんれう（燈料）黄金二十両、両社へ進る」とあり、「八日より一七ヶ日《いちなぬかにち》御祈禱仰せ付けられ候。御短冊両社へ進らせらる。勧修大納言・日野中納言奉行也。」とある。つまり、黄金二〇両を初穂料として添え、同時に六月八日から七日間の祈禱依頼が勧修寺《かじゅうじ》・日野に命じられた。二人は住吉社と玉津島社と分担して、短冊奉納のために下向した。

下向した霊元天皇の使者は紀州藩を通じて玉津島社に奉納した。同年八月一一日の条には、「紀伊中納言（徳川光貞）より玉津島へ御法楽遊ばされ候、かたしけなき（忝）由にて、吉野紙百束・大樽二荷・三種御肴進上」と、藩主光貞の仲介に感謝し、礼品を送っている。すなわち藩主光貞が直接玉津島社へ届け、奉納したことがわかる。寛文四年法楽の場合に比べ、藩の対応は丁寧となっている。徳川綱吉政権期の朝幕関係の融和が進展していることの反映であろうか。

なお、霊元上皇は元禄三年（一六九〇）の六月から同六年五月迄、「月次《つきなみ》」（毎月）三六ヶ月間連続の歌会を仙洞《せんとう》御所《ごしょ》（上皇居所）で行った。ここで詠まれ、玉津島社に奉納されたのが「仙洞御所月次奉納和歌」で、上下二巻（上巻に初め一九ヶ月分、下巻に一七ヶ月分）にまとめられ、同社へ納められている。霊元天皇の熱意が強く感じられる。なお、「古今伝授御法楽和歌」、「仙洞御所月次奉納和歌」ともに、同じ和歌短冊が住吉神社にも奉納され、所蔵されている（前掲鶴崎他著書）。

延享元年の法楽

桜町《さくらまち》天皇は延享《えんきょう》元年（一七四四）六月一日付けの法楽を催し、六月一四日に玉津島社に奉納された。その時の方の神事の作法が記録されている（玉15紙背①、片仮名表記を平仮名に改めた）。

延享元子年六月十四日従

禁裏御奉納物これあり、一七《いちなな》ヶ日御祈禱満日神事の式、六月十四日卯半刻、神主幷に諸社司御饌殿《ごせんでん》の傍に列立し各衣冠、一揖《えしゃく》して次第に進む。

次　神主御饌を両段に献ず。再拝。拍手祝詞

次　諸司神拝

次　御祈禱執行　二十度祓

次

殿様拝殿に御着座

次　神主八度拝　拍手祝詞

次　諸社司着座乍《なが》ら列拝　拍手

次　神主昇殿して　御奉納和歌之箱［以下欠、改丁］、

次　諸社司乍着座列拝　拍手

次　神主昇殿して　御奉納の箱を拝殿に献ず

殿様　御奉納

この記録によると、まず祈禱が六月一四日から「一七ヶ日」つまり七日間行われたことがわかる。「殿様」は第六代藩主徳川宗直である。祈禱神事は同日「卯半刻（午前七時頃）」から始まり、玉津島社と列席の諸社司（天満宮や矢の宮等神主）が御饌殿に立つ。ついで玉津島社の神主がお辞儀をして、御饌を献じて、再拝、拍手し、祝詞をよむ。参列諸社司も参拝し、「二十度祓《はらえ》」の祈禱をおこなう。ついで「殿様」＝宗直が列座し、拝殿に着座する。玉津島社神主の八拝・拍手・祝詞、参列諸社司の着座礼拝・拍手。その後玉津島神主が奉納和歌の入った箱を拝殿に置き、最後に藩主が「奉納」する、という次第である。

「中欠」部およびこれ以降の作法については、残念ながら紙背文書が欠けているので判明しないが、おおよその様子がわかる。とりわけ、藩主宗直が奉納する形を取っていることが注目される。

その後の法楽、奉納和歌

玉津島社法楽全体をみておこう。後西《ごさい》上皇の寛文四年（一六六四）六月朔日を初めとして、霊元《れいげん》天皇の天和《てんな》三年（一六八三）六月一日、桜町《さくらまち》天皇の延享元年（一七四四）六月一日、桃園《ももぞの》天皇の宝暦一〇年（一七六〇）三月二四日、御桜町《ごさくらまち》天皇の明和四年（一七六七）三月一四日、御桜町天皇代（宝暦一二～明和七、年月不詳）、光格《こうかく》天皇の寛政《かんせい》九年（一七九七）一一月二六日、仁孝《にんこう》天皇の天保一三年（一八四二）一二月三日の合計八回、法楽が行われ、毎回五〇首の和歌短冊が玉津島社へ奉納された。

この内、寛政九年の法楽に際しては、奉納短冊の取扱手続きについて照会が行われた（玉86）。

覚

一、今度古今集御伝授の御儀、延享元子年・宝暦十辰年・明和四亥年古今集御伝授の節の趣にて、御表立《おもてだつ》諸事仰せ付けられ候御儀にござ候や。

一、明和四亥年の御例の通にてござ候えば、この節御伝授相済させられ候上、先々の通り御奉納物もござ候御義にござ候や。

一、いよいよ御奉納物ござ候御儀に候らわば、大様いつごろ御奉納遊ばさるべき御様子にござ候や。

一、右御奉納物玉津嶋え遣わされ候義、御使にて遣され候御事に候や。先々の通り社職の者京都へ召し呼ばれ、御渡しなさるべきや。尤も神祇《じんぎ》の者京都え召呼ばれ候わば、その段紀伊殿屋敷留守居《るすい》え仰せ通され候御事にござ候や。

一、今度古今集御伝授の御儀、所司代《しょしだい》衆などへ仰せ聞けられ候御事にござ候や。

宛名・差出人の名前は書かれていないが、玉津島社神主から、京都の朝廷議奏衆《ぎそうしゅう》に照会された手紙の控である。少し長いが、説明しておこう。

第一条目は、延享元年（一七四四）・宝暦一〇年（一七六〇）・明和四年（一七六七）各年の古今伝授の時と同じ「表立《おもてだつ》諸事」（法楽行事）を命じられる予定か。第二条目は、明和四年と同じであれば、前例通り古今伝授後に短冊奉納や祈禱なども行われる予定か。第三条目では、奉納がなされるならばそれはいつ頃の予定か。

第四条目では、玉津島社への奉納は、禁裏からの使者が使わされるのか。前例通り同社の「社職の者」（神主、自分の謙譲表現）を京都へ呼び、渡される予定か。そうであれば紀州藩京都御屋敷へ届けていただけるか。第五条目では、今度の古今伝授について京都所司代《しょしだい》に伝えてあるか。

以上のように、第一〜三条目で、古今伝授とそれに伴う法楽や短冊奉納、祈禱などの予定を確認している。第四条目によると先例では神主が上京しているが、使者派遣の可能性についても言及している。とりわけ、神主上京の場合、紀州藩屋敷（留守居）への許可は禁裏・玉津島社、どちらがするのかを尋ねていることが注目される。これまで上京する際には許可を取っていることが推測される。また古今伝授の一連の行事について京都所司代の管轄下にあったことも知ることができる。

【3】春秋祭礼への禁裏・仙洞使者

藩主代参と明和三年春秋祭礼

さきに寛文四年（一六六四）の祭礼勘文制定と、寛文五年九月の秋祭礼の実施、藩主代参の派遣について述べた。その後明和三年（一七六六）から春秋祭礼の継続実施、禁裏御所からの使者派遣が実現するが、玉津島社文書の「春秋祭礼御使始終控《しゅんじゅうさいれいおつかいしじゅうひかえ》」（玉15）にはその経過や派遣された使者について詳細に記録されている。

「春秋祭礼御使始終控」と題する冊子は、神主高松房雄が寛政二年（一七九〇）頃編纂し、その後代々の神主によって書き継がれたものである。表紙の「玉津嶋社神主」の文字は神主高松房雄の筆跡である。この中に、安永九年（一七八〇）と天明《てんめい》四年（一七八四）の二度、藩からの聞き取りについて記録されている。

まず、安永九年（一七八〇）に寺社奉行から九月祭礼の「代参」について照会があった。これに対し神主は次のような返答を行った。

一　口上　　　　　　玉津嶋社司　高松上総介

例年九月中の卯日玉津嶋社へ御代参ござ候御こと、右御代参いつ頃より始り、例年遣され候御義に候や。右年月申し出で候様にとの御こと承知奉り、別紙の通りにござ候。南龍院《なんりゅういん》様御代寛文五年当社二季祭日の儀、御内々禁裏へ仰せ達され、三月九月中の卯日両度の祭礼あい定め、寛文五年九月二十日向井庄左衛門殿御代参御勤め成され候。以後例年仰せ付けられ候御義にござ候。

　九月十五日

寺社奉行所

一禁裏御使例年これあり候義は、明和三戌年九月中の卯日より例年春秋二季御使仰せ付けられ候御ことにござ候。

一仙洞御使者明和八卯年三月より仰せ付けられ候御ことござ候。已上。

後二カ条は本文中「別紙」（回答書）で、禁裏御使は明和三年（一七六六）九月から（前述）、仙洞御所は同八年三月からと記されている。本文中後段「南龍院様御代」以下の主語は南龍院（徳川頼宣）であるが、向井庄左衛門は頼宣の代参であることが明らかである。

以降、同社祭礼、藩主の代参に関する記事がこれ以外の藩関係史料に見えないので、どれくらい広がりをもったか不明とせざるを得ない。例えば寛文五年（一六六五）・天和四年（一六八四）に聖護院が和歌浦を訪れ、玉津島社に立ち寄った際の記事（前述）に玉津島社祭礼、藩主代参のことが触れられない。日記を書いた家老三浦家当主は同じ時期の東照宮祭礼にこそ関心があるが、玉津島社祭礼には関心がない。なお、向井庄左衛門は向井五左衛門の書き伝え誤りの可能性がある。

禁裏御所・仙洞御所からの使者派遣の経緯について述べよう。

禁裏《きんり》・仙洞《せんとう》使者派遣の発端

天明四年（一七八四）三月、藩から「京都御使発端仰せ出され候趣」について照会があり、神主高松房雄が文書を提出して、説明した。明和三年の経緯が詳しくわかるので紹介する。

すなわち、明和三年六月一〇日、禁裏の「御用の儀」があるので、玉津島社神主が「上京仕」るようにと、吉田二位《にい》（兼雄《かねかつ》）より紀州藩京都御屋敷へ呼び出し通知があった。藩役人北条惣四郎より寺社奉行所へ伝達され、「早々上京仕るべき旨」が命じられた。神主高松刑部少輔房隆（房雄の父）は四月九日に上京し、翌十日吉田二位へ出頭したところ、議奏衆からの書付（天皇の意向＝命）一通が渡され、別紙書付の通り心得よと命じられた。しかも両書に対して請書の提出が求められた。前者は包紙のみ（玉203）、後者は本紙（玉9）が残されている。

議奏衆よりの書付

玉津嶋二季祭礼の節、今年より御初穂御奉納これあるべく候間、この段心得これあるべき事。

吉田二位殿よりの書付

紀州海邊（部）郡玉津嶋明神祭日、寛文四年院宣に因り、祖父兼敬《かねゆき》時に兼連これを考え、春秋の終、中の卯の日をもって祭礼の支干《えと》とせよ。今よりいよいよ寛文の定に任せ、春秋の祭礼永く断絶あるべからざるの条、天気《てんき》候、堅く違背あるべからざるものなり。

明和三丙戌年六月吉曜　　神祇管領長上神祇権大副卜部兼雄

高松刑部少輔とのへ

これら議奏衆の書付と吉田兼雄の書付、二通それぞれに対して、神主高松房隆の請書（玉77・78）が提出された。次にその控を掲げておく。

〈議奏衆宛て〉

玉津嶋二季祭礼の節、今年より御初穂御奉納あらせらるべきの旨仰せ渡され、承知奉り候。誠にもって冥加《みょうが》の至り、ありがたき仕合に存じ奉り候。よって御請としてかくの如くござ候。以上。

明和三丙戌年六月　　神主　高松刑部少輔

実名書判

〈吉田宛て〉

紀州海辺郡玉津嶋明神祭日、寛文四年、院宣により兼敬卿これを御考え、春秋の終り中の卯の日をもって祭礼の支干とせよ。今よりいよいよ寛文御定の通り、春秋二季の祭礼永く断絶仕りまじくの旨仰せ出でさせられ候間、堅く違背仕りまじくの旨仰せ渡され候。御書の趣謹んで承知奉り候。誠にもって社頭の光輝、（実名）において冥加の至り、ありがたき仕合に存じ奉り候。いよいよ右仰せ渡さるの通り堅くあい守り、春秋の終り中の卯の日祭礼永く断絶なく執行仕るべく候。もっとも子孫永く忘却仕りまじく候。よって御請書くだんの如し。

明和三丙戌年六月　　神主　高松刑部少輔
実名書判《じつめいかきはん》

議奏衆からの禁裏（後桜町天皇）の命は、今年から初穂を奉納するので心得よとの主旨であり、吉田兼雄からは、寛文四年の院宣に基づき、春秋の終、中の卯の日をもって祭礼支干とせよ、春秋二季の祭礼永く断絶させてはいけないとの「天気」（天皇の意向）に反しないことが命じられた。

ちなみに祭礼実施に際して、関白近衛内前《かんぱくこのえうちさき》から同社へ神輿《みこし》が寄付され、祭礼復活が本格化した。「神輿は、明和中近衛関白殿下の御寄付」（『紀伊国名所図会《きいのくにめいしょずえ》』）と伝えている。明治九年（一八七六）「寄付物調帳」（玉33）には「明和二戌年」とあるが、三年の誤りである。二年後には幔幕が寄贈された（次述）。なお、後には文政一一年（一八二八）にも禁裏・仙洞両御所から幔幕が一つずつ寄付されている（明治九年同前）。

京都所司代と紀州藩屋敷

翌日六月十一日には、書付を以て上記の内容を神主高松刑部少輔《ぎょうぶのしょうふ》へ申し渡したという主旨が、吉田兼雄から（紀州藩）京都御屋敷へ通知された。さらに七月三日には、次のような書付が（幕府）所司代衆より（紀州藩）京都御屋敷御役人中へ渡された。

紀州玉津嶋社一ヶ年両度宛ての祭礼、この上猶又怠慢なく執行候よう、吉田二位へ仰せ出だされ、もっとも祭礼の度毎御備《（供）》物これあり、軽き役人参向候。右御備物の義は御内々の事に候間、役人参向のみぎり、重き取扱等これなくよう心得べき段、右神主へ吉田家より具に申し渡され由に候えども、万一心得違等これなきため、猶亦この段申し達し候。

この主旨は、①玉津島社祭礼を年二度執行するように、禁裏（後桜町天皇）から吉田兼雄に命じた。②祭礼の際には「軽き役人」が参向し、備物（供物）は（内々のこと故）「重き取扱等」がないよう心得よ。③吉田家から申し渡したが、念のため京都所司代から紀州藩へ通達する、という内容である。

全ての発端は後桜町天皇の意向にあり、吉田家が紀州玉津島社へ神祇を命ずる形であるが、実質禁裏が紀州藩に命じることとなっている。これが両者の政治的結束という誤解を与えないために、「軽き役人」派遣、軽き備え物という条件を明示して、所司代の了解をとったのである。

このようにして形式が整えられ、同年九月の祭礼から、禁裏の使者派遣が実行されることとなった。具体的には「御使上下三、四人にて下向」であること、「御使下向の節にきっと前広に御通達の義」はなく、「祭礼前日到着次第その趣御断り申し上げ」（届け）るという形をとった。

以上が、明和三年禁裏使者派遣（初穂奉納）、祭礼完全実施に関する、天明四年（一七八四）三月の神主高松房雄の説明（「使者派遣発端」）である。

このように、明和三年（一七六六）六月玉津島社の春秋祭礼に禁裏から使者が派遣されることとなり、関白近衛内前《このえうちさき》から神輿が寄付され、使者を迎えて祭礼が開催されるようになった。

祭礼用戸帳・幔幕の寄付

その二年後の明和五年三月、春秋祭礼で使用される戸帳《とちょう》・幔幕《まんまく》がそれぞれ紀州徳川家第七代藩主宗将《むねのぶ》の生母永《えい》隆《りゅう》院と正室明脱《みょうだつ》院から寄付された（寄付状、玉10・11）。

覚

一御戸帳　葵御紋附

右はこたび紀州和歌浦玉津嶋明神え、永隆院様より御寄附成され候ひ畢《おわん》ぬ。

明和五年子三月　　丸山吉右衛門（書判）

高松采女正殿　　　　　　　　　門奈小左衛門（書判）

覚

一御幔幕　御箱黒塗葵御紋付

右はこたび紀州和歌浦玉津嶋明神え、明脱院様より御寄附成され候ひ畢ぬ。

明和五年子三月　　　　　　　　酒井作太夫　光道（書判）

高松采女正殿　　　　　　　　梅沢十右衛門規堅（書判）

丸山吉右衛門・門奈小左衛門、酒井作太夫・梅沢十右衛門はいずれも紀州藩の家臣で、当時永隆院付き・明脱院付きの職にあった（家譜）。

現在残されている幔幕（緞子《どんす》）の大きさは、高さ約一三四cm、幅約二八六cmのもの一枚と、約三二cm×約四八cmのもの二枚である。これらが当初に、明脱院から寄贈されたものか否かは不詳である。後からも寄贈されているので後の物かも知れない。

なお、仙洞御所（上皇）からの使者派遣は明和八年（一七七一年）三月から始まったが、これも後桜町上皇の意向によるものであった。後桜町天皇は明和七年に退位し、上皇となった。その翌年三月の祭礼から仙洞御所から使者を派遣するようになったのである。翻ってこの年明和三年以前の祭礼はどうであったか。寛文四年九月に祭礼が始められ、藩主の代参が派遣されたが、祭礼が安定的に継続されたことを示す記録はない。

春秋祭礼の使者

例えば寛政三年（一七九一）九月祭礼と同四年三月祭礼に派遣された使者は次のようであった。

一寛政三亥年九月十九日

禁中御使　本庄角之丞殿
洞中御使　山本杢殿
大殿様・殿様御代参成瀬十左衛門殿
一寛政四子年三月十七日
禁中御使　岩佐兵庫殿
洞中御使　木本源之進殿

「禁中《きんちゅう》」は禁裏御所、時の天皇は光格天皇。「洞中《とうちゅう》」は仙洞御所のこと。時の上皇は後桜町上皇である。九月の祭礼には藩主名代が代参する。「大殿」は第八代藩主重倫《しげのり》、「殿」は第一〇代藩主治宝《はるとみ》で、成瀬十左衛門（寛政八年御徒頭《かちがしら》）は両者の代参であった。

到着後の手続き

これらの使者の到着後すぐに、その人数・氏名を書いた①到着届け（人数書き）を、また初穂《はつほ》（貨幣）・祈禱撫物《なでもの》（人形《ひとがた》）数を書いた②神納・祈禱届けを、受付後すぐにそれぞれ別途に玉津島社神主から寺社奉行に届けた。寛政四年三月の届け（口上書）は次のようである（改行省略）。

①　口上
明十七日祭礼につき、禁裏御使岩佐兵庫・上下四人、仙洞御使木本源之進・上下三人
右両御使只今到着、今晩止宿、明朝神拝あい勤められ候筈にござ候。発足の義は追って御断り申すべく候。御備物の義未だあい知れ申さず候。申し通され候わば御断り申し上げ候。人数書左の通にござ候。
三月十六日
寺社御奉行所

②　口上

玉津嶋社祭礼につき、禁裏御使岩佐兵庫・上下四人下向これあり。御撫物一箱・白銀三枚御神納遊ばされ、御祈禱あい勤め候ようにとの御事にござ候。

仙洞御使木本源之進・上下三人下向これあり。御撫物一箱・白銀三枚御神納遊ばされ、御祈禱あい勤め候ようにとの御事にござ候。

三月十七日

寺社御奉行所

口上書①②の差出人名は書き写されていないが、全て玉津島社司高松上総介《かずさのすけ》である。一行は祭礼前日（一六日）に到着しているが、①では「只今到着」、「明朝神拝」、「発足」（出立）未定と行動予定が明記されている。②では、いずれも白銀三枚（金二両一分）を初穂として納め、一箱の御撫物（それぞれ天皇・上皇の人形《ひとがた》であろう）祈禱を依頼することを明記している。

また後から空欄に「一主人二人、一侍《さむらい》三人、一下部《かぶ》二人、右の通りにござ候。」と書き込んでいる。これは一行の人数、上下四人と同三人、合計七人の身分の内訳である。禁裏使者には侍身分の者が二人随行したことがわかる。大変煩わしい手続きであるが、朝廷と大名が政治的に結束することを防ぐための不可欠の措置であった。天皇の政治的関与を否定した近世では重要な点である。藩は厳しい管理を実施することによって幕府の誤解を生じないように対応した。

到着までの準備

神主高松房雄は父房隆の代から経験した、使者下向の手順を「春秋祭礼御使始終控」にまとめ、毎年の手順の指標とした。この記録によると、玉津島社祭礼への使者の下向は事前に通達しないことになっていたので、前以て「町飛脚を以って、京　常宿《じょうやど》大坂屋太郎兵衛迄遣し」、日用《ひよう》の者が御所へ持参して返書をもらい、「町便」で届けられた。封の表書きには「禁裏御所御使番《おつかいばん》　頭中《かしらちゅう》　様　仙洞御所御使番《おつかいばん》　衆《しゅう》中《ちゅう》様」とし、文章は次のように定式化していた。

一筆啓上致し候。春暖秋冷の節ござ候ところ、各様弥《いよいよ》御堅(賢)栄ござなられ賀し奉り候。然れば当十三日、二の卯日玉津嶋社祭礼の節、例年の通り、御撫物御神献《しんけん》遊せられ候御義と存じ奉り候。御使十二日御到着成られ候御事にござ候や。承知仕りたく窺《うかが》い奉り候。右貴意を得たくかくの如くござ候。猶後慶《こうけい》の時を期《ご》し候。恐惶謹言。

九月　　高松上総介　房（書判）

御使番衆・御番頭中様

尚々、御面倒ながら御返書下し置かれ候よう願い奉り候。以上。

一行の到着日程は準備の都合上最重要だったが、その準備は祭礼場所、使者の寝食用具に及んだ。神主高松房雄が父房隆から引き継ぎまとめた、準備すべき内容は以下の五点である（玉15）。　※〈　〉内は用具等提供役所

①畳類　拝殿の畳（一二畳半）、赤縁《へり》薄縁（一〇枚）、莚《むしろ》薄縁（一二枚）〈御畳方〉

②作事資材　長さ一丈（三ｍ）・二間（三・六ｍ）・八尺（二・四ｍ）の杉丸太（計二二本）、大中小の竹（一八七本）、苫《とま》（八〇枚）、茅《かや》次（二枚）、板（八〇坪分）〈御作事《さくじ》方〉

③仮湯殿〈御作事方〉、湯桶・懸り湯桶・手桶・大たらひ、浴衣・手拭《てぬぐい》・杓共〈御評定所〉

④上分膳部（二人分　本膳・椀・皿五種・大徳利・小猪口《ちょこ》・吸物椀・盃・蓋《ふた》茶碗・足付八寸・間鍋《まなべ》、以上二宛、重箱・食次・湯次各一）〈御台所〉

⑤上分臥具《ふしぐ》類（二人分夜着・蒲団・枕・浴衣・手拭）〈御評定所〉、下分夜具（五人分）〈和歌村〉

全て藩の各役所から借用されたが、従者用の夜具は和歌村から提供された。

ちなみに、上記の内容は寛政二年（一七九〇）頃、以前の先例をまとめたものであるが、それ以前の明和六年

（一七六九）九月二四日の祭礼では、直前に畳二枚の表替えが行われた（玉15紙背②）。

奉願口上

玉――（玉津島社）　高――（高松采女正）

神前《じんぜん》大紋縁《へり》の畳二畳見苦しく相成り候間、来る二十四日祭礼につき、京都御使ござ候節、神前へ敷き申し候。

右前に表替成し下され候ように願い奉り候。以上。

丑九月　「右願の通り相済み、二十三日畳さし・畳方役人罷り越され候。薄縁《うすべり》二枚［後欠］」

これは直前に玉津島社から寺社奉行へだされた修理（表替え）願いであるが、最後の「　」内小文字加筆によれば、前日二三日に畳刺し（職人）と担当役人が来ており、修繕が完了したようである（［後欠］部）。費用は全て藩抱えである。

【4】祭典の内容

幔幕

祭日に社頭の式場を仕切る幔幕については、前述のように明和五年（一七六八）三月に第七代藩主宗将正室明脱院から葵紋入りの幔幕が寄贈されたが、それだけでは不足したようで、明和六年には会所（評定所）から借り出している（玉15紙背②）。

［前欠］申通し候間、請取手形相認め、会所にて請取り候ように御通し成さるべく候。

（寺社奉行）村上助左衛門様　（奉行）服部八郎右衛門

右の通にて会所へ手形認、翌十八日請取に人足壱人遣す。

覚

一　幔幕　四張

右慥に請け取り申し候。以上。

丑三月十八日　　高松采女正印

森才右衛門殿　会所常居《つねおり》の役人也。会所預りと申す役にてござ候。

「覚」部分に記されているように幔幕四張を借りているが、その際の手順は、はじめに玉津島社が寺社奉行へ借用を申請し、寺社奉行から奉行（勘定奉行）へ通された。物品管轄の役人（「奉行」）から、玉津島社の預かり証（「手形」）を用意して会所へ請取に来るよう、神社管轄の寺社奉行へ通知文（「前欠」部を含む二行）がくる。寺社奉行はその通知を玉津島社に知らせ、同社が会所で物品を受け取るというようであった。文中の「高松采女正」は神主高松房隆であり、森才右衛門は会所の担当役人。

別の年度（不詳）の記録では、「幔幕　四張　手縄共　右は所々見隠《みかくし》として、例の通り御評定所より御借渡し下され候」とある（玉15挿入紙3）。「例の通り」と記されているように恒例化していた。

村方の人足提供

寛政九年（一七九七）九月祭礼は一三日に行われたが、その前後に四五人の「和歌村人足」を要した（玉15）。その内六人は一一日と一九日の「御祓所《はらいど》小屋建具、御作事所より借用積廻し、同じく返納人足共」、一六人は一一日と一九日の「御畳方へ畳請取ならびに返納共」であった。残りの人足二三人分は掃除や小間使いとみられる。この人足数は、使者の夜着・布団・舟の借賃と合わせて手形に記し、評定所へ届けられた。翌年は評定所役人が人足を差配したので手形は作成されなかった。このように会計処理は評定所が行った（同前）。

諸作業の人足について、ある年度（不詳）の記録に次のような記載がある（同前）

覚

一、掃除人足、例の通り村方より出し候ように願い奉り候。且つまた家内小遣人足、御作事方・御畳方・御評定所・御台所御借渡し物請取幷に返納持運ひ人足共、御元通り成し下され候よう願い奉り候。

京都からの使者が派遣される春秋祭礼を実施するには多くの人足が必要であるが、大別すると、①社頭・社殿内の掃除人足、②神主家の小間使い、③諸役所から借り物の運搬人足である。これらの人足はすべて和歌村から提供されたが、玉津島社が徴発、あるいは依頼するのではなく、同社は寺社奉行へ願書を出し（申請して）、地方《じかた》を管轄する（勘定）奉行──海士郡奉行《あまのこおりぶぎょう》──大庄屋をへて、和歌村庄屋へ人足提供が命じられ、人足賃の精算は藩役所と村方で処理されたと推測される。

ちなみに、短冊干しでも村方の人足が必要であった。年不詳九月一二日の玉津島社「御短冊干」では、「和歌村人足」一八人を村方より請取り、遣い申し候」とある（玉95）。作業内容は「掃除人足・小遣人足等」であった。なお「跡々の通り」＝前例通りに使役したとも記されている。この場合でも、玉津島社から寺社奉行・奉行・郡奉行を経由して出勤が求められた。要するに、和歌村の協力、人足なしには玉津島社は行事を行えなかった。

紀州藩の諸費用負担

禁裏・仙洞それぞれの御使は初穂料と撫物（人形《ひとかた》）を玉津島社神主の手許へ届け、神主は絵符《えふ》（番号札）を付けて管理した。神主は撫物に祈禱をなした後、自ら京都へこの撫物《なでもの》を返上し、御祓を献上しに行く。寛政四年（一七九二）九月の状況は次の通りである（玉15）。

祭礼後、来る二十三日発足上京仕り、御撫物返上、御祓献上仕りたく候。右につき御使止宿《ししゅく》賄《まかない》入用《いりよう》並びに上京路用《ろよう》として、先々の通り銀二枚下し置かれ候ように願い奉り候。已上。

九月十九日

寺──

神主は祭礼が行われた九月一九日に、来たる二三日の撫物返上の上京出立にあたり、使者の賄い入用と京都までの路用として銀二枚（一両半）の下付を申請した。出願先は寺社奉行である。ちなみに、翌日「来る二十三日私発足上京仕るべく候ところ、痛所これあり候につき、伜（髙松房雄）将監儀名代に上京致させた」いと出願している。

これをうけて、二一日、寺社奉行より二二日に出頭の旨の連絡が来た。出頭すると「下され銀二枚、先々の通には相済み難く候由」にて、銀一枚しか支給されなかった。そこで銀二枚下付を求めて神主は願書を出した。

願書には、「両御使上下七人、十八日到着仕り、御撫物相渡され、御祈禱の義仰せ付けられ、十九日神前え相備え、御祈禱執行仕り候。御使神拝相済み、止宿。廿日発足、帰京致され」た。この「御使二泊り賄入用」と「御撫物返上として私上京仕り候路用」、二つの費用「相束《たば》」ねて銀二枚を「先々より」下付されていたこと。銀二枚でも「甚だ不足」で多くの「足銀《たしぎん》」を取り合わせて勤めてきたことが記されている。なお、「賄《まかない》入用」は一汁五菜の飯料・野菜・魚類・御酒等。「上京路用」は撫物「持人」「上下三人」、「往来七日懸《かか》り」であった。

当時、藩では「時節柄」「都《すべ》ての義半減」政策が行われていた。これが理由であったが、結局、（藩中枢部の判断があり）九月二九日に御用達《たつし》から寺社奉行へ、「格別の品《しな》をもって取扱」い、「これ迄の通り銀二枚下さる」ことになった。後から銀一枚が追加支給された。

以上のように、京都からの使者派遣は全て紀州藩の管理、窓口寺社奉行所の管轄下に実行された。天皇・上皇の使者とはいえ、藩がその管理下に置いた使者派遣、神事であった。諸費用は藩の責任で賄われた。

使者一覧と随行者

先に示したとおり「春秋祭礼御使始終控」には、例えば寛政三亥年（一七八九）九月十九日の使者は「禁中御役　本庄角之丞殿」、「洞中御役　山本杢《もく》殿」、「大殿様・殿様御代参　成瀬十左衛門殿」というように、寛政二年（一七九〇）から弘化四年（一八四七）までの、約六〇年間の使者名が記されている。これらを全部提示することはできないので、三〇ヶ年分を表3に掲載した。

寛政二年から文化一四年（一八一七）三月二四日祭礼の使者までが光格《こうかく》天皇の使者派遣である。文化一四年九月一四日から弘化《こうか》三年（一八四六）九月までは仁孝《にんこう》天皇在位、翌弘化四年の三月・九月は孝明《こうめい》天皇在位である。弘化

表3 禁裏・仙洞派遣使者一覧（一部）「春秋祭礼御使始終控」＊（玉15）より作成

年	支	西暦	月日	禁裏使者	人数	供物	仙洞御所	人数	備考
寛政2	戌	1790	3. 23	伊地知市之進	4人	白銀3枚	――――		大女院崩御
			9. 14	奥村金吾	4人	白銀3枚	――――		
寛政3	亥	1791	3. 17	山根図書		白銀3枚	蒋池縫殿		
			9. 19	本庄角之丞			山本杢		
寛政4	子	1792	3. 17	岩佐兵庫 a	4人	白銀3枚	木本源之進	3人	
			9. 19	五十川右衛門尉		白銀3枚	井上小膳		
寛政5	丑	1793	3. 22	竹内丈蔵			人見競之進		
			9. 13	平本主鈴			中川数馬		
寛政6	寅	1794	3. 16	西池勝之進 b	4人		中大路勘之進	3人	
			9. 19	荒木兵庫允	4人		伊藤式部	3人	
寛政7	卯	1795	3. 06	水口帯刀			小西監物		
			9. 19	北大路織部		白銀3枚	内藤金吾		両人共加太通り
寛政8	辰	1796	3. 21	岡田大膳			三宅左近将監		
			9. 13	佐藤修理 加太行		白銀3枚	木本源之進		直に帰京
寛政9	巳	1797	3. 15	山下兵部			人見競之進		
			9. 13	服部要人		白銀3枚	西池左兵衛 f		
寛政10	午	1798	3. 15	岡本隼人			中大路勘之進		
			9. 18	水口右近将曹 c			河合理右衛門 g		
寛政11	未	1799	3. 21	安東多門 加太行	4人		山本右近番長	4人	新内村行
			9. 24	野村左兵衛尉			佐治虎之助		両人共加太行
寛政12	申	1800	3. 19	本橋 連			伊藤式部		
			9. 17	岩佐兵庫	4人		佐治虎之助	3人	
寛政13	酉	1801	3. 15	本庄角之丞			浦野主計		
			9. 23	五十川右衛門尉			小西監物		
享和2	戌	1802	3. 20	鈴木左近将監	4人		三宅左近将曹	3人	
			9. 23	荒木兵庫権助	5人		浅井千太郎	3人	
享和3	亥	1803	3. 14	岡田大膳 新内行	4人		新海斎 加太行	4人	
			9. 17	峯 刑部			西池左兵衛		
享和4	子	1804	3. 19	山下兵部			河合理右衛門 h		
			9. 18	岡本隼人			奥村主人		
文化2	丑	1805	3. 19	鈴木氏尉	4人		佐治虎之助	4人	
			9. 18	重 弾正 加太行	4人		佐治虎之助	3人	
（ 中 略 ）									
文化11	戌	1814	3. 24	下河辺外記	5人		――――		文化10閏11. 3 仙洞様崩御
（ 中 略 ）									
文政2	卯	1819	3 —	木本頼母	4人		西池大炊	4人	
			9. 20	岡本喜一郎	4人		山下司馬	3人	
文政3	辰	1820	3. 23	下河辺外記	4人		木本頼母	4人	
			9. 14	水谷左馬允	4人		井上要人	4人	

文政4	巳	1821	3.16	立華雅楽	4人		西池数馬	4人	
			9.20	高嶋兵部	5人		山田左近右衛門	4人	
文政5	午	1822	3.16	馬場大蔵	4人		新藤主計	4人	
			9.2	三沢右近番長	4人		村田右近将曹	4人	
文政6	未	1823	3.23	岡本喜一郎	5人		藤木東市	4人	
			9.14	水谷左馬允	4人		西池大炊	4人	
文政7	申	1824	3.16	竹内　渡	5人		山下司馬	4人	
			9.14	野村左馬允	5人		榎原一学	4人	
文政8	酉	1825	3.16	河合主税	4人		岡本喜一郎	4人	
			9.13	高嶋兵部	3人		渡辺内豎頭 i	16人	仙洞・御取次
文政9	戌	1826	3.22	岩佐兵庫 d	4人		蒋池治部	4人	
			9.24	山下帯刀	4人		松山勘解由	4人	
文政10	亥	1827	3.16	水谷左馬允山中通り帰京	5人		進（新）藤主計	4人	
			9.23	伊地知　黙 e	4人		河北左近番長		
文政11	子	1828	3.16	三宅大膳	4人		三次右近府生		
			9.18	服部主膳	4人		岡本喜一郎	4人	
文政12	丑	1829	3.21	山下帯刀	4人		松山勘解由	4人	
			9.24	山下帯刀	4人		水谷左馬允	4人	

a 文化5御賄方、b 直之進：寛政6御賄方、c 将監：寛政6御賄方、d 文化7御賄方、e 玄蕃：文政2御賄方
f 助之丞：寛政6御賄方、g 文化5御賄方、h 文化5御賄方、i 文政2御執次衆

三年一月二六日「御崩御」により、三月は派遣がなかった。おおむね光格天皇・仁孝天皇という二代の天皇からの使者が派遣されたといえよう。

一方、上皇からの使者派遣は先述のように明和八年（一七七一）三月からであったが、寛政二年一月二九日に「大女院様《おおにょいんさま》」（後桜町上皇の母青綺門院《せいきもんいん》＝藤原舎子《いえこ》）「崩御」のため、上皇の使者は派遣されなかった。後桜町上皇は亡くなる直前の文化一〇年（一八一三）九月祭礼まで使者を派遣したが、翌年三月以降は中断した。

光格天皇は文化一四年（一八一七）三月二二日から天保一一年（一八四〇）一一月一九日まで上皇の地位にあり、文化一四年九月から天保一二年三月まで上皇使者を派遣した（最後の使者派遣は没後三ヶ月後であり、遺言であろうか）。文化一〇年九月から同一四年三月までの足かけ四年間は上皇不在のため派遣はなかった。このように春秋の使者派遣は単なる制度ではなく、時の天皇・上皇の存在、禁裏御所・仙洞御所の判断によって実行された。ちなみに上皇不在の四年間、「東宮《とうぐう》」（皇太子、後の光格天皇）が金一〇〇疋初穂を奉納した。

禁裏の一行は四人（主人一人、侍二人、下部一人）か五人で、仙洞御所の使者は三人か四人であった。御使はふつう二泊して帰京した。中には加太へ向かい、そこから帰京した場合も散見される。また新内村（日前宮のこと）へ立ち寄った場合も見られる。帰京発足時には、到着時とほぼ同様の形式で「右両使今朝飯《はん》後発足し、帰京致され候」と寺社奉行へ届け出た。

使者の派遣回数、階層

禁裏・仙洞の使者（主人）名を見ると連続代参は二例（文化二年仙洞佐治虎之助、文政一二年禁裏山下帯刀）を除いて毎年交代している。五八年間で複数回代参している者は過半を越えるようである（同姓の場合、親子・兄弟等の場合と、同一人の場合があり、判断しがたい）。代参回数が多い例を挙げると例えば、禁裏方の鈴木左近将監は享和二年（一八〇二）・文化七年（一八一〇）・鈴木左近将曹は天保一〇年（一八三九）・同一五年、天保一三年には伊勢物語伝授で紀州に来ている（年代幅があるので二代に渡るかもしれない）。服部主膳は文政一一年（一八二八）・天保四年・同七年・同一一年（一八四〇）と一三年間に四回代参を勤めている。ほぼ三年に一度である。

仙洞方では、佐治虎之助が寛政一一年（一七九九）・同一二年・文化二年の二季・同八年（一八一一）と一二年間に五回代参を勤めている。岡本喜一郎は禁裏方で文化一一年（一八一四）・文政二年・同六年（一八二三）代参を勤め、続いて仙洞方で文政八年・文政一一年に代参を勤めている。一五年間に五回、三年に一度の割である。禁裏方で三回は来ている人物を上げると、岩佐兵庫・川口左馬允・下河辺下記・平本左馬允・山下帯刀、仙洞方で河副左兵衛大尉・西池左兵衛・蔣池治部・山下司馬等がある。両方に跨って三、四回代参した者に、河合主税・木本頼母・松山勘解由・本橋主鈴・山根図書等がいる。二回代参した者は数多くあるが、例えば五十川右衛門尉は寛政四年（一七九二）と九年後の同一三年に代参している。

以上の使者、地下官人《じげかんじん》が日常的にどのような職掌に就いたかについてはほとんど判明しないが、例えば、文化五年（一八〇八）の『雲上名鑑』（朝幕研究会『近世朝廷人名要覧』所収）に「後賄方《まかないかた》」として寛政四年（一七九二）禁裏方代参の岩佐兵庫、寛政一〇年・享和四年（一八〇四）仙洞方代参の河合理右衛門の名が見える。おおよそこのような階層の地下官人が使者として派遣されたと見られる。祭礼下向ではないが、文政九年（一八二六）一一月二六日には伊勢物語伝授のために「御執次衆《おとりつぎしゅう》」虫鹿東市正が特別使者として派遣されている。側近が代理を勤めた。

以上のように、禁裏方・仙洞方のそれぞれの地下官人役人集団の中から代参者＝使者となった。彼らは上級の地下官人ではなかった。紀州への公用出張には旅行気分も伴っており、和歌の浦へ来ること自体が旅行であり、さらに加太や日前宮に立ち寄った。

ちなみに、秋の祭礼には紀州徳川家の大殿（隠居藩主）・藩主からも代参と備物がなされた。備物は当初それぞれ白銀二枚（金一両半）宛であったが、藩主備物は寛政六年に白銀一枚（銀四三匁、金〇・七五両＝三分）となり、同一三年に金二〇〇疋（銀三〇匁程）、文化八年に一〇〇疋（銀一五匁程）、同九年からは大殿も金一〇〇疋となった。一八世紀末から徐々に縮小された。

祭典の次第

宝蔵（「御神庫」）に保管されていた玉津島社文書の中に、例祭の次第・作法を書き出した記録がある（切紙一紙、玉159、原文片仮名表記を平仮名に直し、送り仮名を付した）。

先祭主、社人を率いて神門に入る。従者一人先に進み警蹕《けいひつ》を唱う。一統一揖。

次　雁烈

次　酒立　酒女

次　沓揖

次　斎場に到りて神座に向いて一揖。

次　祭主玉串を取り、両段再拝、拍手、蹲踞《そんきょ》、警蹕《けいひつ》二声。神霊を奉天。祭主拍手、平伏、神名を奉唱。口伝。

　　両段再拝一揖。
次　一統八度拝　八平手短手
次　祭主祝詞　従者平伏
次　一統八度拝　八平手短手　一揖「〇次献神酒」（書き加え）
次　祭主奉幣　八重榊白木綿・五色絹、　一統頓首
次　人形を机上に置き、数祓の文を誦う。玉串を以て祓う。
次　祭主十種の神宝を取り祈禱。口伝。一統心中祈念。
次　一統八度拝、八平手短手。但この時音楽、大和舞。八度拝八平手短手一揖。
次　神楽を奏す。但し巫女。
次　一統勤仕《ごんじ》儀式
次　両段再拝拍手、蹲踞、警蹕二声。神霊を天え奉送。拍手、両段再拝揖。
　退出

冒頭に「祭主」とあり、この記録が春秋祭典に関わるものであることに間違いない。また「次」という文字が連続しているが、この表記は、延享元年に禁裏法楽和歌（箱入り）を奉納した際の作法の記録とよく似ている（前述72頁、玉15紙背①）。当時同社ではこのような表記が一般的であった。文化元年（一八〇四）の仮遷宮の作法の記録も同様である（玉158）。

まず神主が「祝詞」（次述）を読み上げ、幣帛を捧げる。ついでは京都より運ばれてきた「撫物《なでもの》」＝「人形《ひとかた》」であり、玉串でお祓いがなされる（傍線部）。また「十種の神宝」は卜部《うらべ》兼連《かねつら》の祭式勘文や徳川頼宣の祭礼についての置文等と思われるが、これのお祓いが中心神事である。一々は説明を省いたが、祭典における玉津島社神主・社

人・「一統」（参列者）・巫女の動きがわかる。

祝詞《のりと》

残されている祝詞の内、天明五年（一七八五）三月祭礼において詠まれたものを掲げておく（玉190）。

祝詞は万葉仮名を用いた独特な表記である（ここでは万葉仮名を楷書漢字で示し、平仮名を添えた）。

木国雑賀郷和歌浦乃《の》底磐之《の》根尓《に》宮柱太《(大)》敷立、高天原《たかまがはら》尓《に》千木《ちぎ》高知《たかくし》弖《て》鎮座須《す》、明光浦之《の》御魂
玉津島太《(大)》神乃《の》太《(大)》前尓《に》、辞称竟奉留《る》、神主従五位下橘朝臣房雄恐《おそれ》美《み》恐《おそれ》美《み》毛《も》申者《は》、国主
権大納言源頼宣卿当時奉
院乃《の》詔旨所定中卯《なかう》乃《の》御祭日乎《を》、以奉供進太神酒、御贄山野物・河海物尓《に》至迠、置所足弖《て》奉仕状乎《を》平安尓《に》聞召弖《て》、
宝祚《ほうそ》万歳日月與《と》齋六合乎《を》照臨給
仙洞御所聖運栄昌○《皇太子》女院
姫宮　親王家御長久　関白三公乎始百官　平安尓《に》令奉仕賜比《ひ》　東武御代無動　邦君之富、永保時令須度歳災
不成、五穀豊饒万民安楽足　御代乃《の》茂御代尓《に》幸賜止《と》申、
恒祀五柱太《(大)》神秡所太《(大)》神等　本社之御祭乃《の》祝酒御肴菓等同聞食《きこしめす》止《と》申、

天明五年己三月十八日

この祝詞を書き、詠んだのは髙松房雄である。藩主徳川頼宣時代の祭礼再興から説き起こし、神酒や山野河海の贄《にえ》を供え、禁裏と仙洞御所、親王家・関白家の繁栄、さらに将軍家、紀州藩主家の永続、息災、五穀豊饒、万民安楽を祈願している。この祝詞では和歌の伝授について触れるところはないが、寛政七年（一七九五）九月一九日の祝詞（玉191、同人起草）では、「大和歌之道伝二千載一」「祭奠永享、国家幸甚」等が記されている。

祭典供物

宝蔵（「御神庫」）に保管されていた玉津島社文書の中に、例祭の供物を書き出した記録（一丁、断簡、玉56）が残存する。

次　各退出

和稲・稲　酒二瓶　海魚　鳥　海菜二品　野菜同上　菓　塩水

例祭に餅酒の次　野鳥・水鳥と順序すべし

この断簡一行目の「次　各退出」と言う表現は、次第書（前出）末の「退出」と同じことで、欠落した前の丁には詳細な次第書が記載されていた可能性もある。また「次」という表記は、前出の禁裏法楽和歌奉納作法や祭典の記録とよく似た様式である（前述、玉15紙背①、玉159）。年代は未詳であるが、一八世紀の可能性が高い。

末行に「例祭に」とあり、春秋の祭礼の供物書き出しであることは間違いない。この記録によると、酒を含め、耕地・山野河海の自然の恵みが供物とされていることがわかる。「海魚」「海菜」が含まれ、「塩水」が供えられるなど、古代日前宮の珠津嶋祭を彷彿とさせる。ちなみに、明治三九年（一九〇六）の「祭典式」（玉173）には「次潮行事　高松」と記されている。近世のお供え「塩水」はこれにつながっているようである。

さて、年中行事の供物料理を書き出した記録がもう一点ある（玉161）。まず大晦日に御鏡餅・宝来《蓬莱》・塩鯛・御酒、元日朝に御雑煮・御鱠《なます》・数ノ子・神酒のし・御鏡餅・宝来・塩鯛・御酒と書き始められているが、三月九月祭礼日の供物を抜き出すと次のようである。

三月祭礼

御飯、御塩、大根、昆布、干甘鯛、山うと《ど》、神酒、柑子《こうじ》、柿、若和布《わかめ》、海老、年魚《あゆ》、鯛、蕨《わらび》、海老、鳥子餅、貝類

九月二ノ卯祭礼

御飯、御塩、昆布、大根、干甘鯛、人参、神酒、鳥ノ子餅、松茸《に》ゆ、みかん・かき、蓮根《れんこん》、海老、年魚、鯛、貝類、蕨、牛房《ごぼう》

神酒に加え、山野河海の恵みが供えられており、「御塩」が供えられていることが注目される。
頼宣が再興させた玉津島社の祭礼の作法については一切記録がないが、この供物の書き出しはわずかにその様子を偲ばせてくれる。

【5】後桜町上皇の玉津島社参詣

江戸時代、玉津島社に参詣した上皇が唯一人いる。後桜町《ごさくらまち》上皇である。同上皇は天明三年（一七八三）四月七日〜九日、「大輔《たいふ（ゆ）》」「大祐属《だいゆうのさかん》」（女官）と身分を隠して玉津島社に「代参」した。これはきわめて珍しい例である。

後桜町《ごさくらまち》上皇

後桜町天皇は元文《げんぶん》五年（一七四〇）に桃園《ももぞの》天皇の子として生まれ、桃園天皇が死去したため、宝暦一二（一七六二）年に桃園天皇の跡を嗣いで天皇となった。近世では、明正《めいせい》天皇についで二人目の女帝である。明和七年（一七七〇）に退位するまで足かけ一〇年在位し、上皇となり、文化一〇年（一八一三）閏一一月二日に没した。ちなみに退位後は桃園天皇の子である後桃園《ごももぞの》天皇がついだが、安永八年（一七七九）に死去したため、光格《こうかく》天皇が跡を継いだ。後桜町上皇は天皇を退位して一三年目の天明三年（光格天皇在位）、四四歳の時に玉津島社に参詣した。

「御社参」の記憶

文化一〇年（一八一三）、神主の高松上総介《かずさのすけ》（房雄）は紀州藩士村田市郎兵衛（賀房、留守居番、高齢）に対し、天明三年の上皇の玉津島社参について、手紙（控、玉97）で次のように語っている。

天明三年の頃、仙洞御所　女帝にあらせられ候、御内々格別の御心向の御沙汰にあらせられ候。御内々玉津嶋社へ御代参として御社参遊ばされ、私宅座敷え成らせられ候にも御輿《みこし》に召させられ候。当社拝殿《はいでん》にて御神拝遊ばされ候にも御輿に召させられ候。そのまま御神拝遊ばされ、私宅・社頭両度御「　」（日見え）仕り候えども、見上げ候ことあい成りがたく、たゆふ（大祐）様には御剃髪《ていはつ》の御容躰《ようたい》にあらせられ候。御装束は白衣を召させられ、御側《おそば》向も両人程白衣にござ候ご様子に、私先代より申し伝え、覚え候。記録にはござなく候、「　」（以上）、

十一月　　　　高松上総介

村田市郎兵衛様迄

神主の高松上総介（房雄）はこれ以前に村田から尋ねられ、それに答えたのである。回答の要点は、①「仙洞御所　女帝」（後桜町上皇）が「御内々」の「格別」の「御心向《こころむき》」として玉津島社参を思い立った。②神主宅座敷でも拝殿でも「御輿」に乗ったままであった。③二度御目見えの機会があったが、見上げることが許されなかった。④官人「大祐属《たいゆうすけ》」（神祇次官）と身分を隠し、剃髪・白装束であった。⑤この記憶は自分の記憶に加え、先代神主（房隆）から聞いて覚えている、という内容である。村田市郎兵衛は、文化七年（一八一〇）にはすでに隠居しており（文化七年「御家中人名録」）、高齢である。高齢故に担当を命じられたのであろう。ともあれ、三〇年前の上皇社参の様子についての調査していることがわかる。

「御社参」についての聞き取り

これとは別に現地の関係者からも聞き取りがなされた。表書きに「大輔《たいふ》様　広右衛門」とある（文化一〇年）閏一一月一七日付の書状（玉138）は次のようである。

（前略）……この御尋の一件御受け申し上ぐべき心得にて、昨日御尋ね申しあげ候処、御退出後にあい成り、よって略義ながら書中にて申し上げ候。山口組（名草郡）老人へ承け（尋ね）させ候ところ、その節御途中の御先引致し候者《もの》今にこれあり、山口組において御往来とも何等御故障はこれなしとのこと別紙の通り申し出候。……さて楽人《がくにん》小山

友八にその節の義なお承り候処、楽人共は家老用人・近習等の給仕に罷《まか》り越し候。大祐属は桑山茂平次《くわやまもへいじ》宅の御宿りにあい成り、右宅内はどんす（緞子）・竪幕打ち廻しこれあり。いつれも入り込み候儀はあい成らず、右幕の口に袴着いたし候老人二人、何方も差引いたし候。友八儀は何かの掛り合いに参り候につき、右老人極内々友八ばかりへ申し候は、大祐属参詣とこれあり候えども、実は仙洞御所御裏様《おんうらさま》にて在らせられ、誠に〱御めずらしき御事に候。和歌浦景色真《まこと》に格別なる御事申し候。感心の咄どもこれあり。

書状表書の人物はともに紀伊徳川家臣で、差出人は土生広右衛門（翌年町奉行、〈「家中官録人名帳」〉、六四歳〈家譜〉）、宛名は山東大輔《さんどうだいすけ》（寄合組頭〈家譜〉、二五歳〈「家中官録人名帳」〉）である。広右衛門は大輔からの「御尋の一件」への調査回答を書面で報告している。二人は手紙に互いに姓を書かないくらいの親しい関係である。手紙は広右衛門自身の筆跡であり、山東から玉津島社に譲られたと推測される。ちなみに文中「退出」は城内勤務の終了のことである。

「御尋の一件」は天明三年（一七八三）の後桜町上皇の玉津島社参詣をさすが、この調査はちょうど三〇年後にあたる。広右衛門は、上皇一行が通行した城下から出て、和泉国へ山越えする手前の山口宿（名草郡）の老人への聞き取りと、和歌浦滞在時の雑用に従事した楽人小山友八への聞き取りを行った。山口組の者で当時「御先引《さきびき》」（道案内）をした者が存命であり、「ご往来」には「何等《なんら》御故障」はなかったと聞き取ったが、それ以外は記されていない。また、手紙の末に「山口にての儀は風聞も承り候義一円これなし」とあり、不詳であった。

一方、小山友八は「老人」とは書かれていないが、三〇年前に以下の活躍をしているとすれば相当年令をかさねていることになる。とはいえ健在で、興味深かったためか、細部にわたって大変よく記憶している。手紙の末に、友八は「年号は何年にてこれあり候や忘れ候えども、四月七日御着、八日御参詣、九日御帰りにてこれありたる様に覚え候」と、広右衛門は書いている。この月日は、別の記録（次述）とも一致する。友八の記憶は確かである。

友八は「家老用人・近習等」の給仕に従事したが、それ以外のことを覚えている。上皇は和歌村庄屋桑山宅に宿泊し、そこには幕が張られ、緞子《どんす》が敷かれた。入口に老人二人（随行者）が厳しく番をしていたが、友八は「大祐属」ではなく、「実は仙洞御所御裏様」との情報を内々に聞き出した。また上皇が和歌浦の景色に感動していることも漏れ聞いた。

社参の装束・駕籠

右に続く記事を紹介する。

右老人は、元服はいたしこれあり候えども、惣髪の前をそり候様にもあい見え候。女中、幕の内外にて御膳等取次いたし候を見受け候。両三人は黒ちりめん（縮緬）紋付・袴にてもこれあるべく候や。前だれの様にあい見え候ものを着いたし、すそ（裾）は差（指）貫の様にく（括）りこれあるかにあい見え、色は花色・空色・とき色の様に覚え申し候。織もの（物）にて白又は浅黄小さきつけ（付）帯の様なるもの付けこれあり候。……玉津嶋御参詣の節は人留《ひとどめ》にて何も見え申さず候。出嶋にて引網を御覧の節は、これもって人留にこれあり候えども、友八等、御先へ廻り、内々御様子拝見仕り候ところ、御駕籠《かご》のまま御駕籠台へすえ、御戸明き申さず、女中の駕籠は戸を引きこれあり、漁の生き魚半切《はんきり》に入れ候て、御駕籠の前へ持参りござ候。御駕籠は御宿り玄関にてとくと拝見いたし候。所々滅金《めっき》金物新《あらた》に打ちこれあり、あい尋ね候ところ、この下は御紋これあり候を、金物にて隠しこれあるにて候由申し候。……先ず書面にて荒々申あげ候。出殿前、はなはだ大乱書、御推覧、猶御不審もござ候わば仰せ申さるべく候。承り申すべく候。匆々。

閏十一月十七日

入口で番をする老人は惣髪・前剃りで、膳を取り次ぐ女中は黒縮緬《ちりめん》の紋付・袴、前垂れようのもの、裾は花色ほかの指貫《さしぬき》様、織物の白・浅黄色の帯と覚えていた。上皇らが参詣時境内は入構禁止で何も見えなかったが、（和歌村内）出島《でじま》での網引き見学では、友八は先回りをして様子を見ることが出来た。上皇の駕籠は開かず、女中の駕籠は開いていた。網でとれた魚が半切《はんぎり》桶に入れて駕籠の前におかれた。

宿所玄関に置かれた駕籠を近くで見たが、メッキ金物が新しく打ちつけられ、その下には「御紋」（菊）があると聞いた。本文挿入文によると「棒黒塗、屋根と棒との間すき《（透）》」があり、これは普通の駕籠ではなく「釣輿《つりこし》」と評判されていた。

その他、留守中の宿所「御座」を見せてほしいと頼んだが断られたこと、付人老人からの指示でお茶天目茶碗《てんもくぢゃわん》を清水焼茶碗・へぎ蓋に取り替えたこと、駕籠に乗った家老用人・医者、袴着の近習八人が付き随ったことなど、友八の詳細な記憶が披露されている。

これらの出来事（上皇の社参）は聞き取り時点から三〇年前のことである。お膳を随行女中まで運んだのは和歌道場の小娘「お染さん」で、「右の娘大いにばゝ《（婆）》に」なり、近頃まで見受けたと友八は話した。一部の関係者が存命であり、記憶は正確と見てよいであろう。

先に見た、神主から照会者村田への回答は「十一月」とのみ記され、この手紙は閏十一月一七日である。いずれが先かは不詳であるが、「玉津嶋社司より申し出候と喰い合い候や計りがたい」と述べられており、ほぼ同時期に照会、調査がなされたのであろう。調査依頼者は藩の留守居番・寄合組頭であり、藩主の意図が働いたと推測される。文化一〇年閏一一月二日に上皇が亡くなっており、京都より何らかの照会があったと推測することが可能である。あるいは同年三月には仁井田好古によって「望海楼遺址碑《ぼうかいろういしひ》」が建てられており、上皇の動向に関心が持たれたのかもしれない。

社参の準備過程

ところで、三〇年遡るが、この玉津島社参詣はどのような手続きで準備されたのであろうか。仙洞御所（上皇居所）御取次衆《おとりつぎしゅう》である虫鹿《むしか》三河守高秀（『近世朝廷人名要覧』）の手紙が残っているが、虫鹿と玉津島社神主高松上総介（房雄）との間で行った、日程調整等の準備の様子を知ることができる。先に紹介した史料から、上皇の一行は四月七日から九日まで和歌の浦に滞在したが、出発のほぼ直前、虫鹿から神主に宛てた天明三年四月朔日付の返書（一部）は次のようである（玉116）。

去月二十一日の貴帖(状)先達て相届き忝《かたじけな》く拝見いたし候。（中略1）先ずもって、今般大輔殿御下向につき何かと御苦労の御事に存じ奉り候。もっともこの儀について去頃御内々御尋合《おたずねあい》の筋何かと治定《ちじょう》あい分からず、（中略2）明暁御出立御治定の儀、右同様別段に御案内も申し入れず候。且又最初にはその御地に三ヶ日御逗留の御積りにこれあり候処、こたびは一ヶ日減し申し候儀にあい成り、この儀も表向より御聞き成さるべきと存じ奉り候。（中略3）しかしながら御留主居中《おるすいちゅう》え、御附衆《おつきしゅう》よりも何かと御応対に及ばれ候様子、あらあら承り申し候につき、定めてその御表《おんおもて》役人中よりの諸事御差図等ござあるべきと存じ奉り候。何事も先例ござ無く候につき、下拙共にも諸事あい分かりがたき儀どもにて、心附きの事も差し当りこれなく、疎略の様に罷り過ぎ、気毒に存じ奉り候。何とぞ御滞りなく、万端あい済み候儀、希《ねが》う所にござ候。（中略4）なお後聞《こうぶん》の時を期《ご》し、万々申し伸(述)ぶべく候。恐惶謹言。

四月朔日　　虫鹿三河守高秀（花押）

高松上総介様

尚々、去月二十四日御認《したた》めの御返書到来、かたじけなく拝見致し候。御旅館・御喰の御様子も委しく仰せ越され候趣承知仕り候。加田(太)御一見のことはこたび如何これあり候や。その節の御様子に任せられ候わんと存じ奉り候。末筆ながら御子息様にも然るべく仰せ伝えられ下さるべく候。以上。

まず手紙の往来について説明しておこう。本文中の「去月」は三月で、三月二一日神主高松から御取次衆虫鹿へ手紙を出した。それ（「貴帖(状)」）が「先達て」届いた。その返書がこの手紙（四月一日）である。「去頃御内々御尋合の筋」の「去頃」はそれより大分前であろう。つまり上皇社参の話が持ち上がり、その日程や規模等について神主側から取次役の虫鹿へ照会を行った。その返答は遅れ、三月二四日の玉津島社祭礼時に「御使参向之人」（「春秋祭礼御使始終控」）に託して書面で伝えた（中略部2）。この手紙には「疎略の様に罷り過ぎ」（本文後半部）とあり、返書の遅れを弁解している。三月二一日付の手紙は実は返信がないことへの督促であった。この返信の遅れは、社参の前例がなく、容易に「治定」（決定）しなかったことによる。ちなみに、使者が伝えた社参出発の日程は「又々延引」（中略部2）となった。社参出立の日程は一度延期されていた。

一方、追記（尚書）の部分に「先頃御上京の砌《みぎり》」云々とあり、神主が上京して相談したことがわかる。また「去月二十四日御認めの御返書到来」とある。三月二一日に続いて、二四日にも神主が虫鹿へ手紙を出した。これは（虫鹿への）「御返書」とあるから、それ以前に虫鹿から神主高松へ、宿所・食事等の準備について照会したが、三月二四日の神主側返書にそれらについて「委しく」回答されているので「承知」したとある。このように社参の日程・人数等の情報提供や受け入れの準備について神主が上京し、何度か相互に手紙の往復があった。

追記文の末に「末筆ながら御子息様にも然るべく」云々とある。この頃、神主高松家の当主は房隆で、明和三年（一七六六）には「高松刑部少輔」、同五年には「高松采女正」である（玉9、10・11）。天明三年頃に「上総介」を名乗るようになったか、もしくは虫鹿の記憶違いによるものかいずれかである。子どもの房雄は天明五年の祝詞で「上総介」を使用しており（玉190）。上京して面談したのが房雄で、その官職名を宛名に書いたのかも知れない。

ついで、両者の間の情報伝達、交渉と、「表向」（和歌山）の関係について説明しておこう。

「表向」（和歌山藩府）の管轄

三月祭礼時に伝えた出立日限が「又々延引」になった時、「この儀は表向《おもてむき》よりも早速申し達しござ候こと故、別段下拙より御意をえず候」（中略部2）とある。この意味は、延引の通知は「表向」（和歌山藩府）から連絡がなされるはずであるから、「下拙」（自分、虫鹿）から別途に玉津島社神主へ連絡し、了解をとることはしなかった、とのことである。またそれに続いて「明暁御出立」に決まったこと、逗留予定が三日から二日に短縮したことについても、（仙洞御所の決定を）知らせなかった。「表向」より正式連絡がなされるので「態《わざ》と差し控え」た。「御文通も申し入れず失礼」であった。「そのまま致し置」いた（中略部3）が、御取次衆虫鹿は京都の紀州藩邸「御留主居中」へ仙洞御所「御附衆よりも何かと御応対に及ばれ候」ようすを聞いていたので、和歌山藩府「御表役人中よりの諸事御差図等」があると書いている。

要するに、上皇の社参日程等は、「表向」＝藩府和歌山から玉津島社への公式の連絡、指示があると御取次衆虫鹿は認識していた。藩から玉津島社への通達がどのようであったかは記録が残っていないのでわからないが、このルートで物事決定の通知がなされるのが原則であった。それが迅速に行われ、円滑にことが進んだか否かは別問題である。なお、紀州藩の京都屋敷の留守居は京都所司代と連絡を取っていたものと思われる。

取次衆虫鹿はこの手紙で、「何事も先例ござ無く」、「下拙共にも諸事あい分かりがた」く、「心附きの事」もなく、「疎略」に扱い（神主が）「気毒」と、弁解と困惑を表現している。また「何とぞ」無事終了を「希《ねが》う」とも記している。あわせて、手紙の冒頭に「大輔殿御下向につき何かと御苦労の御事」、追記末に「御旅行一入《ひとしお》御世話」と記し、神主を慰労しつつ、「迷惑に候」との共感（忖度）を示している。このように、従者官人の御取次衆が上皇の新儀参詣をやや冷ややかに見ていることが注目される。

追記で、神主は「加田《（太）》御一見」つまり加太遊覧を誘っている。新儀の玉津島社参詣の深刻な対応の中にも、遊覧の要素が見いだされる。

このように、天明三年（一七八三）四月には後桜町上皇が、近世では前例のない玉津島社参詣を実行しており、後桜町上皇の玉津島社崇拝は一段と熱気を帯びてきた。一八世紀後半期における朝廷の動きの活性化や吉田家の動向なども勘案し、藩（九代目藩主治貞《はるさだ》）は翌天明四年三月、使者派遣の経緯を改めて確認しようとした（前述）。寛文四年段階では藩主頼宣の主導性が強かったが、明和・天明期は、藩の主導ではなく京都からの、後桜町上皇の熱意ある主導であり、吉田家卜部兼雄の積極的な関与が伺われる。これは全国の神社への朝廷・吉田家の働きかけと同じ動向であった。

【6】和歌奉納と伝授祈禱の文化

霊元《れいげん》院歌壇と中院通躬《なかのいんみちみ》

霊元《れいげん》天皇は貞享四年（一六八七）に譲位して上皇となり、永く朝廷政治に影響を及ぼしたが、すでに述べたように、玉津島社へは天和の法楽和歌と元禄三年（一六九〇）からの仙洞御所法楽和歌を奉納している。霊元上皇は正徳三年（一七一三）に法皇となり、翌年正徳四年一一月、玉津島社に法楽和歌二巻と白銀二〇〇両、および石灯籠一基を寄贈している（『霊元実録』第一巻）。この法楽和歌は残っていない。

灯籠の刻印文字は「御願御成就《ごがんごじょうじゅ》　神前常夜灯」とあり、歌道成就の祈願を表している。文字揮毫《きごう》は、明治二五年「宝物帳」（玉231）に「銘筆者　岡本甲斐守《かいのかみ》」とあり、書博士《はかせ》岡本司直《つぐなお》であろう（小笹喜三『書道大師流綜考』、『日本書画人名辞典』）。後に「不老橋」を揮毫した上賀茂社書博士岡本保誠《やすまさ》の祖である。なお、「藤木甲斐守敦直《あつなお》」説（『紀伊国名所図会』）は誤りであろう。同人は一七世紀半に亡くなっている。

また、玉津島社には中院通躬《なかのいんみちみ》と伏見宮邦永親王《ふしみのみやくにながしんのう》が奉納した和歌短冊がそれぞれ三葉・六葉ある。前者は「正徳四年八月晦日　玉津嶋社奉納法楽」と記した包紙がともなっている。本紙と包紙の字体は同じで、その詠歌が正徳四年（一七一四）八月に詠まれたものであると確認できる。通躬は父通茂から歌学を受け継ぎ、霊元上皇から伝授を受けた歌の弟子である。

通躬の和歌奉納はこのような流れの中にあったが、三首目の歌詞は「したはれし（慕）　秋はきのふ（昨日）を　おとろかす（驚）時雨をきけは　冬は来にけり」である。もの悲しく寂しい歌である。時雨は霊元上皇の剃髪をさし、霊元院歌壇と呼ばれた和歌世界の趨勢（退潮）を予知し、表現しているかのようである。

さて後者の奉納和歌の詠者伏見宮邦永親王は延宝四年（一六七六）生まれ、享保一一年（一七二六）没で、その妃は霊元天皇の娘福子内親王《ふくこないしんのう》である。奉納時期は不詳であるが、通躬と同じく霊元院の弟子で、上皇（法皇）の動きと関わっていたであろう。この時期までは霊元上皇の影響が強かったが、吉宗が将軍となった以降は、冷泉家が歌壇（和歌界）に勢力を伸ばし、玉津島社にもその影響が表われる。

この他、元禄一三年（一七〇〇）正月に薩摩国の堺田通節《さかいだつうせつ》が「玉津島大明神木綿《ゆう》襷《だすき》和歌」を、享保一七年（一七三二）初夏日に藤原有量《ありかず》が「紀州若浦玉津嶋百首」を奉納している。

各種の和歌奉納

前者の和歌集は、縦横左右両斜めに（糸で縫ったように）和歌をならべた形式である。後者の和歌集は有量が百首を詠じているが、末の歌は、「社頭祝言」と題して「年〱に　たてる御幣《ごへい》　榊葉《さかき》の　かけさか（栄）へゆく　四方《よも》の神垣」とあり、玉津島社讃歌となっている。両者がどのような流れで奉納されたものかは不詳である。

また「栄調・敬忠・道高等奉納和歌」（『図録②』113）として紹介された詠歌集一巻がある。冒頭の記載は一行目に「寛政（一七九七）九年巳年九月十三日」、二行目に「奉納通題」、三行目に「九月十三夜」とある。つまり「九月十三夜」の月をテーマとして、いずれも「長月の月」を詠みこんだ十首の詠歌が記されている。さらに続いて「同十首」とおいて、各人がそれぞれ別個のテーマで吟詠している。このように長月の名月を見て、いずれかの場所で法楽が行われ、それが一巻にまとめられ、九月十三日より後に玉津島社に奉納されたものである。法楽の場所は判明しないが、玉津島社での法楽ではない。同社は祭礼当日であり、詠み手一〇人も参集しているとは思えない。すなわち秋祭礼日に奉納されたのではないであろう。

この他、水野土佐守忠興《ただおき》（紀州藩家老新宮城主六代目）や大田垣蓮月尼《れんげつに》、飛鳥井中将（名不詳）らも和歌短冊を、明治四年（一八七一）に徳川則子（第一四代藩主茂承《もちつぐ》の正室）が和歌巻物を奉納している。奉納年や身分が不詳であるが、河州平野《ひらの》の奥野保悟の和歌、春葉らの和歌短冊、源亀之の和歌短冊、源堅の和歌懐紙、永井四郎左衛門等の和歌短冊等が奉納され、現在も所蔵されている。

吹上八景手鑑の奉納

現在玉津島社に「吹上八景手鑑《ふきあげはっけいてかがみ》」が所蔵されている。「吹上八景手鑑」は、「吹上八景」歌に合わせた八景の絵を添えた手鑑（作品集）である。安永五年（一七七六）の玉津島社の記録に「大恵《だいけい》院御代、延享元子年（一七四四）吹上手鑑御奉納遊ばされ候」とあり（玉15「春秋祭礼御使始終控」紙背③）、大恵院（徳川宗直）が奉納したものであることがわかる。その跋文《ばつぶん》によって「吹上八景手鑑」の制作動機、経過をたどることができる。跋文は次のようである（『図録①』106）。

> 吹上眺望の景を賞す八景。先年懇望《こんもう》により故大納言（冷泉為久）書き進す所の色紙和歌、今度芳命《ほうめい》に応じ、一字違わずこれを書く。延享元年夏。
>
> 右兵衛督為村《うひょうえのかみためむら》　藤代《ふじしろ》墨を以てこれを書く

文中「先年懇望により」「書き進す」とあるのは、以前、元文五年（一七四〇）に宗直が冷泉為久に所望して、「吹上八景」の詠歌八首が贈られた。この八首の贈呈をさしている。「吹上八景」とは、雑賀《さいか》晴嵐・妹島《いもしま》夕照・吹上浜秋月・飽浦帰帆・名草山《なぐさやま》晩鐘・紀湊《きのみなと》落雁・形見浦《かたみうら》夜雨・藤代《ふじしろ》暮雪の八景であるが、紀州藩府である和歌山城から五〜一〇kmの海浜の景色である。

その後延享元年（一七四四）夏以前、「芳命《ほうめい》」つまり宗直の命により、冷泉為村は、父冷泉為久《れいぜいためひさ》の作った「吹上八景」＝八首詠歌を書写し、さらに八景の絵を組み合わせて手鑑（作品集）を作成した。絵の作者は不詳である（鶴崎裕雄『紀州玉津島神社奉納和歌集』）。為村はこれを宗直に贈呈したが、贈呈を受けた宗直は、詩歌の心得ある家臣に呼びかけ、和歌二七四首、漢詩四八首を募ったという（『南紀徳川史』第二冊）。宗直の熱狂ぶりがうかがわれる。そして、冒頭に述べたようにこれが玉津島社に奉納されたのである。この奉納は桜町天皇の法楽和歌奉納（前述）とはほぼ同じ時期であり、それに重ねて行われたのである。いずれも藩主宗直が主役を演じている。

宗直は六代藩主就任後まもない享保五年（一七二〇）に後奈良天皇宸筆「南無玉津嶋明神　神号」を玉津島社に寄贈した（前述）。宗直は、二〇年後、治世の成果を披露する意味で、藩府の立地する「吹上」（伝統的な歌枕）の現在を文化的に顕彰しようとした。そのためには伝統的な和歌を司る家、冷泉家の動員が最上であり、和歌作品は、古典と同じく玉津島社へ奉納されるのが必然の流れであった。

このように、「吹上八景手鑑」を玉津島社へ奉納したのは徳川宗直であり、冷泉為久・為村親子の直接意志ではなかった。しかし結果として伝統的な和歌の家の冷泉家と玉津島社とには接点ができた。宗直がそれを取り持った。ちなみに、「吹上八景手鑑」を奉納して以降、宗直自身の作「冬日詠十首和歌」（『図録②』102）を玉津島社に奉納している。宝暦五年（一七五五）には二千首の御詠歌を成就し、為村の添削を受けて千首を選定して菩提寺の長保寺へ奉納した。冷泉家と玉津島社の関係深化は、和歌を愛好する宗直なればこそ可能であったといえよう。なお、遡って一七世紀中葉頃の「冷泉中将」（名不詳）が和歌短冊を奉納している。

江戸冷泉門

中世以来冷泉家は二条家に押されて和歌の家として劣勢であったが、一八世紀になり、将軍吉宗の支援で勢力を持ち直した。その中心が冷泉為久・為村であったことは周知のことである。吉宗腹心の家来成嶋道筑《なるしまどうちく》は吉宗の勧めにより享保五年（一七二〇）冷泉為綱《ためつな》に入門し、殿上《てんじょう》の間で対面した。同一一年奈良屋所持の定家自筆本「長歌短歌古今相違の事」を幕府に献上し、翌年冷泉家への下賜《かし》を仲介したことが紹介されている（久保田啓一「江戸冷泉門と成嶋信遍」）。下って元文三年（一七三八）三月、江戸へ下向した冷泉為久に成嶋は、「飛鳥山碑文《あすかやまひぶん》」を帳に仕立てて献上した。さらに翌年吉宗の所望により、中院通躬・烏丸光栄《からすまみつひで》・三条西公《さんじょうにしきん》福《とみ》・冷泉為久が名所和歌を一二首ずつ詠進し、その後成嶋や巨勢利啓《としのり》・大島以興《これおき》・小堀政方等の詠歌とあわせて「御屛風名所和歌」が作られた（同前）。

　このように吉宗の幕臣と冷泉為久の交流は、江戸において深く進行していた。為久は享保二〇年（一七三五）～寛保元年（一七四一）武家伝奏《ぶけでんそう》を勤め、毎年江戸へ下向した。吉宗の引見はもとより、江戸の門弟は下向時に為久に合うことができた（久保田啓一「成嶋信遍《のぶゆき》年譜稿（十二）」）。

　ところで、玉津島文書の内に、「堂上《どうじょう》奉納内　御請文《うけぶみ》草案」（二行割書）という端裏書《はしうらがき》のある「（人名書出し）」（玉109）がある。そこには、冷泉中納言為久卿、戸田右近将監氏房、巨勢《こせ》伊豆守至信《ゆきのぶ》、中河《なかがわ》如沙弥《しゃみ》宗方、田沼主殿頭意《たぬまとのものかみおき》行《ゆき》、大嶋（島）雲平以興、仁木《にき》省二沙弥充長《みつなが》、成嶋道筑、巨勢大和守利啓の名が列挙されている。戸田は美濃国大垣新田藩の藩主で、巨勢姓の二人は吉宗の母方従兄弟に当たる旗本で、吉宗の御側衆である（拙稿「徳川吉宗の母浄円院の家族」）。大島も吉宗随行幕臣（元紀州藩士）である。仁木充長は身分不詳であるが江戸在住武家（歌学者）である。端裏書には「堂上奉納」とあるが、ここに列挙された中に堂上方＝公家はいないようである。明らかに江戸冷泉門《れいぜいもん》の人たちである。なお端裏書は、反古紙（江戸冷泉門人名書出し）を他の文書（堂上奉納関係）整理に使用した際の記載であろう。

　元文三年の中院以下四人の公家が歌を寄せ、先に江戸冷泉門の人々が歌を寄せた「名所和歌」は武州のそれである。これと前後して、紀州の名所和歌に関する何かの動きがあり、為久以下の列挙された人たちが関与していたことは十分考えられる。ちなみにこの頃冷泉家雑掌《ざっしょう》中川右近清基らが和歌短冊（六葉）を奉納している。

　将軍吉宗の知己である紀州藩主宗直はこの頃毎年参勤しており、毎年下向する冷泉為久と接触する機会が充分にあった。このような動きの中で吉宗にならって「吹上八景」を所望することとなった。時期は元文四年か同五年と推定される。この所望には吉宗の示唆があったのかも知れない。そして為久が寛保《かんぽう》二年（一七四二）になくなり、その後は為村との交流へと推移した。これが「吹上八景手鑑」に結実した。

「吹上八景」所望の少し前、元文三年（一七三八）秋に坂《ばん》光淳（静山《せいざん》）ら一〇人（小笠原包光・釈親阿貞朝・石川正則・吉祥瑞嘉・堤隆封・回田兼明・松田秀澄）「十首和歌」奉納されたが、彼らは「江戸住」と記している。坂（阪）光淳らも江戸の冷泉門下であった可能性もある。坂は歌学書「用心私記」（烏丸光俊述）を記しているが、儒者ともある（鶴崎裕雄前掲書）。

歌道における冷泉家の地位は冷泉為久・為村の二代に大いに高まったと評価されている。紀州家の側だけでなく、冷泉家の側にとっても、紀州藩主宗直との関係が形成されることは大いにありがたいことであり、その結果玉津島社との関係も深まった。為村揮毫の「衣通姫《そとおりひめ》歌」が玉津島社に贈られ、その歌を書き込んだ「衣通姫像板木」が玉津島社によって刷られ、広められた（『図録②』64～66）。なお、玉津島社神主高松房隆は延享三年（一七四六）冷泉門に入門したが、宗直と冷泉家との関係が先行した。つまり、近世における冷泉家と玉津島社との関係は、将軍徳川吉宗・紀州藩主徳川宗直が関与せずには成立しなかったのである。また、繋がりのできた冷泉家と玉津島社の関係を発展させたのは、冷泉為村と神主高松房隆であった。

一八世紀の末葉になると、玉津島社の記録に「古今伝授《こきんでんじゅ》」「歌道《かどう》伝授」「伊勢物語伝授」の祈願・祈禱の依頼が見られるようになる。

古今集伝授

安永五年（一七七六）（推定）五月二三日玉津島社から寺社奉行所へ出された届書（玉15紙背⑧）によると、近衛《このえ》内前《うちさき》の代参中原石見守（安永六年頃近衛家「侍」、『近世朝廷人名要覧』）が、上下一一人で到着した。この一行の目的は「今度歌道御伝授の御事につき代参」であった。春秋祭礼と同じく「御備物」銀二枚を神納し、神拝を済ませて、加太浦を廻り、帰京したとのことである。五月であるから定例祭ではない。「歌道伝授」の機会があるので、独自に代参をさせ、祈禱を実現している。近衛内前は一〇年前に玉津島社へ神輿を寄贈した人物である。

寛政九年（一七九七）の秋祭は九月一三日に行われたが、その少し前に「来ル（ママ）日」に玉津島社へ「仙洞御所より古今集御伝授」があるので、そのための祈禱を依頼する。銀五枚を「祭礼御使一所に」納めるとの旨が禁裏から命じられたと記録されている（玉15）。祈禱依頼は「白河様御振合」とある。白河家（資延）は仙洞御所寺社伝奏職にあった（『近世朝廷人名要覧』）。

文政二年（一八一九）九月、一〇日の秋例祭とは別に、九月九日に禁裏使者沢村伊予守ら上下一六人が玉津島社へ下向したが、その目的は「天爾遠波《てにをは》御伝授」のための祈禱であった。次のように記録されている。

禁裏御使沢村伊予守上下十六人にて下向。右は仙洞御所より天爾隠波《てにをは》御伝授あらせられ候につき、九月九日到着、即刻御神拝相済み、十日夜八半頃発足。加太浦へ越され候。

「天爾隠波」とは漢文を訓読するときに補う助詞等のことで、要するに漢文訓読法の伝授である。光格天皇が前年に譲位し、仁孝天皇が即位している。代替わり後に、仙洞御所（光格上皇）から仁孝天皇への伝授があるというので、前以てその上達、成就祈願のための使者が派遣された。沢村伊予守は禁裏御所執次《とりつぎ》衆である（後出）。

文政八年（一八二五）九月一三日に秋例祭が行われたが、同日に「古今集伝授」成就祈禱のため、一条忠良《いちじょうただよし》（前関白）の使として難波《なんば》備前守（諸大夫）ら上下二四人が玉津島社へ派遣されている（玉15）。

伊勢物語伝授

翌同九年一一月二四日には、一二月一一日に仙洞御所（光格上皇）から仁孝天皇へ「伊勢物語御伝授」があるので、「御歌道御はん栄（繁）」の祈禱のため、飯室《いいむろ》右衛門が上皇の使者として上下三人で玉津島社を訪れている。二日後の同年一一月二六日には、さらに禁裏御所の使者として虫鹿《むしか》東市正《いちのかみ》ら上下一六人が到着している。祈禱は二五日から「一七《いちなな》ヶ日」＝七日間行われ、両御所からそれぞれ撫物初穂として銀五枚が納められた（玉15、114虫鹿書状、123瀬川局女房奉書）。ちなみに、虫鹿の書状では「伊勢物語」と明示されず、「和歌御伝授」とのみ記されている。「伊勢物語御伝授」は「和歌御伝授」を意味していた。

同じく天保《てんぽう》八年（一八三七）の春例祭は三月一四日であったが（玉15）、来たる三月二八日に仁孝《にんこう》天皇から飛鳥井《あすかい》前大納言（雅光）らに伊勢物語伝授があるので、三月一七日から「一七ヶ日の間」祈禱するよう玉津島社へ依頼があった。「いく久しく万々年迄も御歌道御はん《（繁）》栄」の祈禱とされている。「御撫物御たんれう《（燈料）》」（初穂）は金（小判）一枚であった（玉119、宰相典侍富嶋局女房奉書）。この内容を知らせ、依頼している差出人は宰相典侍《さいしょうのすけ》（庭田嗣子《にわたつぐこ》）内の富嶋局《つぼね》であり、宛名は髙松河内守である。このように、玉津島神主は禁裏女官と頻繁に接触していた。この結果、玉津島社には幾通もの女房奉書が残されている。

天保一三年（一八四二）の三月祭礼は一八日であった。その直ぐ後二一日に、有栖川《ありすがわ》宮に伊勢物語伝授のため禁裏から使者鈴木左近将曹（御膳番）ら上下三人が、続いて三月二九日に使者藤木近江守（御膳番）ら上下五人が下向してきた。あとから来た五人は城下駿河町《するがまち》伊丹屋に宿を取っている。同年秋一一月九日には、飛鳥井大納言（雅光か）に伊勢物語伝授のため禁裏から本橋主鈴《もとはししゅれい》ら上下三人が下向し、さらに「幾日」（月日不詳）に「飛鳥井殿御使」が来たと記録されている。また一一月九日の祈禱の後、撫物を返しに吉田氏が上京したとある（玉15）。吉田氏は藤代《ふじしろ》神社の神主である。この頃、玉津島社の髙松辰若は「服中」（忌み）であったため吉田氏が代理を務めた。歌道伝授の祈禱に関して撫物を返献の記事は多くはないが、他の事例の場合も当然返献が行われた。

年不詳十一月二五日付けの、玉津島社神主髙松河内守あての土山安芸守武業《たけなり》書状（玉128）には、禁裏「御伝授事」祈禱のため、二九日に到着予定と記されている。年代は土山武業の名が禁裏執次衆に見える嘉永三年（一八五〇）〜安政元年（一八五四）頃と推定される（地下官人の職名は『近世朝廷人名要覧』）。

以上のように、現在玉津島神社に残っている史料から、歌道成就、歌道繁栄を目的とする朝廷関係の祈禱がしばしば行われていたことがわかる。

4 和歌の浦・玉津島の近世景観文化

【1】和歌浦・玉津島社を訪れる人々

近世の和歌の浦をめぐる文学や文人については、柏原卓氏の論文（「近世和歌浦名所の文学とことば」）が詳しく、優れているので、これによりつつ事例と動向を紹介するが、その前に「名所」という語について整理しておこう。

「名所」の成立

「名所」という用語とその内容は、中世以来の歌枕を継承しつつも、独自な内容をともないつつ江戸前期に成立したものである。和歌の浦についてみれば、一七～一八世紀に流布した「和歌名所記《わかめいしょき》」の「名所」がその初見であろう。名高《なだか》村（名草郡、現海南《かいなん》市）の僧全長《ぜんちょう》が著した『和歌浦物語』によると、同書は崎山《さきやま》楠右衛門がまとめたもので、須山高明氏は寛文三年（一六六三）に、藩主頼宣が指示した三ヶ年の「御国古跡御改《こせきおあらため》」（領内の古蹟調査）をきっかけに、その調査を担当した祐筆《ゆうひつ》崎山楠右衛門・斎藤作之丞・山中藤九郎・児玉荘左衛門らが、同五年頃に作成したと推測している（「『和歌名所記』の成立」）。

ただし、斎藤作之丞や崎山らが調査を命じられたのは「古蹟」であって、藩主が「名所」調査を指示したとはいえない（まだ藩主には「名所」の概念がなかった）。崎山のまとめた「和歌名所記」には歌枕・古蹟・当代（寛文五年頃）に出現した著名な文化宗教施設等が含まれる。狩野興甫《かのうこうほ》作三十六歌仙図（玉津島社拝殿）や、恐らく、当然ながら東照宮が触れられているであろう（崎山のそれは全部が伝わっているのではない）。名高い、価値のある場所という意味を持つ「名所」ということばとその内容は、ここでの使用をきっかけに藩領内に広まったとみられる。

そして和歌の浦の名所を自ら訪ね、文学に高め世に広めたのが文人の文筆活動であり、民衆的な西国三十三所巡礼活動であった。和歌の浦の中心は、かつて中世では玉津島（社）だけであったが、この名所記に見られる「名所」景物は東照宮（「権現」）を初め、かなり多様化多数化した。寺社が多くなり、中国趣味が加えられたことを柏原卓氏は指摘している（前出）。

同氏は元禄一六年（一七〇三）京都で刊行された歌謡集『松の葉』（第三巻、二上り、岩波文庫）の「和歌の浦」の項に、「和歌の浦には名所がござる。一に権現《ごんげん》、二に玉津島、三に塩竈《しおがま》、四に妹背山《いもせやま》、片男波《かたおなみ》こそ名所なれ」という歌詞があることを紹介している。完全なる近世名所の登場である。

また中国の瀟湘《しゅうしょう》八景にならった近江八景とならぶ八景詩歌がこの頃成立する。八景詩歌は自然景観を主対象としており、「名所」と対句の「名勝」の顕彰に通じる文学である。貞享《じょうきょう》二年（一六八五）、城下近郊宇須《うず》浄心寺《じょうしんじ》の僧日燈《にっとう》は、七言の漢詩と和歌を組み合わせた「南浦八景」（『家乗（石橋生庵《いしばしせいあん》日記）』所収）を編んだ。名草《なぐさ》晴嵐・形《かた》見《み》帰帆・雑賀《さいか》夕照・布引《ぬのひき》落雁・紀三井寺晩鐘・吹上夜雨の六景に続き、若浦秋月・玉津島暮雪が取り上げられている。また元禄二年（一六九九）頃に「近年新しく名付し和歌の浦八景と云は、東照宮、天満宮、玉津島、紀三井寺、片男波、布引の松、芦辺寺《あしべ》」と記され（貝原益軒「南遊紀行」、後述）、名所の八景選定化の様相が伺われる。このように「名所」の成立、普及が全国からの来訪者を勧誘したのと相まって、和歌山城下の文学は近隣文人の関心を引き出す役割を果たした。

文人の来訪

一七世紀末頃より文人が紀州、和歌山・和歌の浦へ来訪する。元禄元年（一六八八）、江戸に居を構えた松尾芭蕉は上方へ旅し、高野山からの帰りに紀三井寺、和歌の浦に立ち寄った。「行

く春に　和歌の浦にて　追いつきたり」という句はこの時のものである（『笈《おい》の小文《こぶみ》』、『芭蕉紀行文集』）、近世後期和歌の浦に建てられた句碑では「行く春を」と変えられた発句が刻まれている。）。

これを近世文人の和歌浦訪問の初例と見ることが出来よう。和歌の浦をめぐる文学や文人の関わりについては、柏原卓氏の論稿（前出）に依拠していくつか触れておきたい。

元禄二年（一六八九）には貝原益軒《かいばらえっけん》は京都から山城・河内、和泉・紀伊・大和をめぐり、和歌の浦を訪れた。その節に著された「南遊紀行《なんゆうきこう》」（正徳三年（一七一三）、『諸州巡覧《しょしゅうじゅんらん》』の一部として刊行）によると、益軒は二月一五日朝、加太から和歌山城下を経て、「和歌浦」に至り、東照宮、天神社、海岸からの眺望、玉津島、妹背山、入江と砂洲を見て、渡し船で紀三井寺へわたり、紀三井寺からまた城下を通り、夕刻郊外の八軒屋《はちけんや》についた。

この中で、東照宮で「これより和歌浦を望めばその景すぐれたり。今日はこの辺桜さかり《（盛）》にさき《（咲）》て、光景もいとまさ《（優）》れり」。その前の海岸に出て「この浦の佳景、聞しにまさりて、目を驚かせり」と称賛している。伽羅《きゃら》山、鏡山の両山は「一山一石なり。甚だ奇しき観なり」「和歌の浦の石は皆木理《きり》《（肌）》有て甚だ美なり」。紀三井寺にのぼり、「堂前より臨めば、……眼界ひろければ、かしこ・ここ見所多し、……詩歌の料多し、諸国の佳景多しといえども、かくのごとくなる美景はまれなり」と、和歌の浦の文学的環境を称賛し、景色の秀逸さを評価している。さらに「今日心しづかに遊観をなす事、幸甚《こうじん》」と、「名所」景観の楽しみ方を示している。中世以来の歌枕、憧憬玉津島は、近世の東照宮文化を加え、さらなる広がりをもつ、近世「名所」として展開した。

その後、多くの文人・学者が和歌の浦を訪れたが、広島藩儒者頼山陽《らいさんよう》は文政八年（一八二五）四月に訪れ、故郷への手紙に「和歌浦は聞きしにまさる面白からぬ処《（所）》」であり、故郷芸州竹原の明神浜を「民家・漁村・塩田等にてムチャクチャにきたなく」したようだと書いている。たしかに入江の奥、海岸部に漁村が発展し、ちょうどその頃には玉津島前の入江の過半が塩浜化されている。一九世紀初めには、天満宮・東照宮前の入江の景観にはかなり危機的な変化が生じていた。

一方、万延元年（一八六〇）刊行の斎藤拙堂《さいとうせつどう》（津藩の藩儒）著「南遊志《なんゆうし》」によると、山陽の酷評を踏まえ、現地の人が「明光のよい景色は紀三井寺から望むのがよい」と言うのを聞いて、熊野路紀行の際に和歌の浦に来訪した（年は不詳、刊行前年頃の三月一七日）。拙堂は、紀三井寺からの景色を実見し、「和歌浦・玉津島」の「諸勝」、「山水」、「秀色」を「可餐《くらうべし》」と推奨している。

江戸期には漢詩文が儒者・僧侶・文人の間で盛んであった。祇園南海《ぎおんなんかい》はもとより、岡本稚川《おかもとちせん》（大伴充《おおとものみつる》＝川合梅所《かわいばいしょ》）から和歌浦在住の漢詩愛好者が詩社を結成して、寛政二年（一七九〇）に『玉藻詩集《ぎょくそうししゅう》』を地元書店から刊行した。和歌の浦・玉津島の景色は漢詩にも表現されている。

熊野参詣

中世以来の熊野参詣は京から下り、紀伊半島西から熊野三社を参拝するのが通例であったが、近世になると、伊勢を経由した半島東からの関東・東国の参拝者（「関東兵衛」と呼んだ）が激増した。とはいえ、西からの上方参拝者（逆打ち）も存在した。この江戸期熊野参詣の案内書として、元禄一二年（一六九九）「熊野独《ひとり》参記」（和歌山県立図書館蔵写本）が執筆され、後に転写された。藩主頼宣時代に「御国古跡御改」役を勤めた、紀州藩士児玉庄左衛門はそれと同系統の「紀南郷導記《きなんきょうどうき》」（後の書名）を一七世紀末頃にまとめている。「熊野独参記」の玉津島社辺りの記事は次のようである。

（前略、紀三井寺）本堂より西を見るに阿波・土佐見ゆ。……誠に絶景の地（と脱カ）いうべし。目前には和歌浦・妹背山・玉津島・養珠寺なと直下なり。……沼には蠣多し。幷に苔生るいもせのり（妹背海苔）と謂う。また少シ北の方《あた》り宗祇が瀬と名づく。同側《そば》に松有り。宗祇松と云。往昔連歌師宗祇、この処を渡て玉津島百日まうで（詣）をせし所也。これによって名とすと云り。彼玉津島明神の御事は景行天皇「允恭に改むべし」（書人）の后衣通姫の廟所とかや。この所に鎮座の濫觴《らんじょう》、今明《あきらか》に知人《しるひと》なし。

後撰　恋三　　玉つしまとふ《(遠)》き入江をこく《(漕)》船の　うきたる恋もつきはつるかな

本地は聖観音《しょうかんのん》也。神楽これあり。神職は高松采女と云。またこの並に牛か窟《いわや》と云名所あり。俗にかゝみ《(鏡)》の岩屋共云へり。慶安《けいあん》年中この所より唐の鏡を堀《(掘)》出《いだ》せしより号すと云。洞の内に小社これあり。昔高野明神《(天野社)》の御輿この窟へ毎年渡御《とぎょ》ありしとかや。子細は高野大明神、玉津島姫を思召て馬にて忍び通ひ玉ひけるを、丹生明神易《やす》からぬ事に思召て、彼玉津島の神を奉れし時は、丹生明神の御前にては輿《こし》をならさぬ事にて侍りと云。但し神《み》輿《こし》を奉ることは今は断絶也。高野の大師第七巻に見えたりとかや。

家集　牛の窟の事　　公任《きんとう》卿

あま《(海)》人ののりわたしけむしるしにや　いはや《(窟)》に跡をとゝめおきけん

同並に妹背山あり。これは前大君頼宣卿の御母堂養珠院《ようじゅいん》殿の正保《しょうほう》年中の御草創也。朝日《あさひ》屋・芦辺《あしべ》屋とて茶屋二軒あり。その前小橋三かゝ《(架)》れり。これを渡りて妹背山に詣る也。経堂《きょうどう》は一石に一字づゝ法華経《ほけきょう》を書写し、奉納せられしとかや。経堂の前には水中に石柱をたてゝ、その上に槻《けやき》を以て作れる舞台あり。山には二重の塔あり。尤も殺生禁断《せっしょうきんだん》の地なり。(以下略)

この紀行文では、古今の和歌を紹介しつつ、かなり詳細に和歌浦・玉津島の名所(景物)についての由来、特産品等を提示して、熊野参詣の縁に供している。中世の熊野参詣を基盤としながら、近世名所遊覧がこの頃を境に展開、発展していったことがわかる。

西国巡礼

西国巡礼は、正式には西国三十三所観音霊場巡礼である。美濃国の養流軒一箪子《ようりゅうけんいったんし》(謹貞)は元禄三年(一六九〇)三月に『西国三十三所みちしるへ』(舞鶴市糸井文庫)を刊行した。西国巡礼の勧誘書、手ほどきを示した書であるが、同書は西国巡礼が拡がる頃に刊行され、普及し、巡礼を一層盛んにしたとみられる。ここには、三番札所《ふだしょ》紀三井寺に続いて、玉津島社・東照宮についての解説が記されている。

この門前より妹背山へ十五丁。小船一艘四十もん（文）、いもせやま（妹背山）弁財天の社有り。東向前に拝殿掛作《かけづく》り。この所景なをおもしろし。行て玉津嶋なり。衣通姫《そとおりひめ》の宮也。東向前に拝殿あり。社の南に宝ぐら（庫）あり。この所津屋《つや》とて町あり。この次に和歌《わか》とて片町《かたちょう》あり。この所に権現様のやま（山）あり。本堂東向石段上る。門に東照宮と額あり。（以下略）

　このように、札所近くの名所について実地踏査の上、建物等の形状・方向を明示し、町場の状況（和歌の町並みはまだ片側だけであった）にも触れ、「泊りよし（良）」と当地での宿泊を推奨している。

　西国三十三所案内は美濃以外の各地で出版された。享保八年（一七二三）頃出版の「（独案内帳）」には「紀三井寺よりわか山へ一里、この所よりわか山・いもせ山へ舟にのる。玉津嶋明神、東照大権現社、わかの天神、かたをなみ、この外わかの浦名所多し」と記されている。

　和歌憧憬の貴人や文人の和歌浦来訪に加え、西国三十三所参拝という信仰と名所遊覧が結合した民衆の旅が成立した。一八世紀から一九世紀へと、和歌の浦、玉津島社への旅行者は増大し、来訪者の身分・階層の広がりを見せることとなる。

武家の紀行文と挿絵

　美濃国の福冨半兵衛は、文久《ぶんきゅう》三年（一八六三）二月二日を出立し、伊勢路から熊野街道中辺路を経由して、西国巡礼の道を旅した。この旅路で紀行文と風景画を描き留めている。「西国巡礼道中笑草《どうちゅうわらいぐさ》」と題されているが、スケッチ「和歌の浦図絵」（図2口絵）が描かれ、次のような紀行文が添えられている。

（前略）それより石橋にて三ツならび掛り居る也。いもせ（妹背）三ツ橋と言。それより付当（突）りに家一軒有。あしべ（芦辺）屋・朝日屋と言う家也。（中略）この茶屋の右に芭蕉翁句有り。「行春を和歌の浦にて追付たり」右の句石に堀（彫）付有り。次に左へ廻る。鏡岩岩穴に塩竈明神の社有り。それより亀甲石、この石立石にして玉津嶋社と書有り。それより奥玉津嶋明神。社家前に小野小町袖すり《（摺）》のへい《（塀）》。《（拝殿脱カ）》前に禁裏より寄付の石灯二ッ有。次に左手に宝蔵有。次に加《（迦）》羅岩・ほし上石・ねんねこ岩・天狗山・不老橋。それより東照宮御たび《（旅）》所。紀伊様御台場《おだいば》大筒《おおづつ》二、四丁の《（載）》せあり、御家中もご出張居られそうろ。（以下略）

事前の学習や手引き書の携行が推測されるが、御台場の様子など明らかに文久三年の様相が書き込まれている。

民衆の狂歌

寛政八年（一七九二）四月末頃、泉州日根《ひね》郡要《かなめ》家の当主が還暦の記念にと和歌の浦・玉津島社を訪れた。同家文書中に次のような独楽吟（楽しみ歌）が残されている。

寛政八つ卯月の末つ方、和歌の浦の風景を見んと、値《（知）》遇の友を誘い、老輩の腰折も好きにし、赤帽子の狂い歌、玉津嶋の御呵《しかり》もか《（省）》ゑり見ず、言語同断不敵も独楽独吟《（独楽吟）》、若し見聞の佳君笑い給はば笑い給えや。

（中略）

小町袖越《（掛）》の塀にて　袖越《（掛）》の塀を伝へて色深な　小町と聞けはあし《（味）》な気に成る

玉津嶋明神にて　三神の中に色香の玉津嶋　衣通姫の昔し憮々《さぞさぞ》

東照権現様の玉敷にて　東しから照し給わる日の本の　根元さまと我は拝して

（後略）

玉津島社以外に、行路の八軒屋・紀三井寺・日前宮に立ち寄った際、そこでの思いも同様に歌われている。作品としての出来は今ひとつかもしれないが、一般の旅人もこのような文芸作品を残そうとしたことが注目される。なお狂歌の作品では、大坂の永田貞柳作「和歌の浦に汐満ち来れは順礼も　紀三井寺迄舟にてわたる」がある。秀逸であろう。

禁裏随行者の紀行文

一八世紀後半以降明治初年まで、禁裏と仙洞の御所から春秋二季に使者が派遣されたことは先に見たが、春秋定例以外にも、歌学伝授に際して玉津島の神に祈るため使者が派遣された。前述のように、文政二年（一八一九）九月二一日の仁孝天皇が光格上皇から「てにおは御伝授」（和歌の基礎）を受けるに先だち、九月六日、禁裏御使沢村伊予守ら上下一六人が紀州にむけて京を出立した。玉津島には九日に到着し、「御神拝」を済まし、一〇日夜に発足し、加太へむかったことが玉津島社の記録にある（「春秋祭礼御使始終控」玉15）。使者代表の沢村伊予守は執次衆《とりつぎしゅう》をつとめる地下官人《ぢげかんじん》であるが、和歌・文筆の能力があり、紀行文「住吉・玉津嶋御代参日記」を書き残した。別の目的で調査していた播州林田藩大庄屋三木家文書中に、偶然その紀行文が見付かった。

その紀行文の署名は「従四位下《じゅしいげ》判官右大尉兼伊予守藤原寿邦朝臣《としくにあそん》」とあり、朝廷公家世界における正式な官位姓名の名乗りである。この紀行文によると、九月六日に禁裏御所、九条、竹田、稲荷山、伏見へと陸路移動し、そこから船にて淀川を下り、浪速《なにわ》に着いた。七日は浪速に泊まり、住吉社に詣り、神拝して陸路を南下した。大和川《やまとがわ》を越え、堺から浜伝いに石津・浜寺・高師浜・岸和田を通り、八日貝塚に宿泊した。貝塚は夜に発ち、佐野川から熊《くま》野街道《のかいどう》を山中へ辿り、紀泉《きせん》国境の板橋をわたり、小野山（雄山峠《おのやまとうげ》）を越え、船で紀ノ川を下り、和歌山城下に着いた。九日、和歌山城下から高松へ向かい、玉津島社に到着した。同社神主が出迎えた。

玉津島社到着後は、お供え物として持参してきた鯛飯《たいめし》を神主に渡し、社頭で神拝の後、「代々たへ（絶）すつき（継）てさか行　このみち（道）の光と仰く玉津嶋ひめ（姫）」との歌を奉納し、私の法楽とした。その後、大相院《だいしょういん》の庭を見学し、東照宮御《お》霊屋《たまや》を拝んだ後、「名におふ（負）和歌の浦を眺望して、貝なと拾ひ」、網引きを見て神主館に戻った。さらに名草浜・名草山・紀三井寺へ参詣し、夕暮に戻り、妹背山磯辺の亀岩の下で酒を酌み交わした。暮れてから神主の館に戻り、冷泉家の流れを汲む神主と夜遅くまで語り合った。

一〇日は未明に出立し、城下をへて、北島の渡しを渡り、松江をへて、辰時（朝八時頃）に加太に着いた。淡島《あわしま》社に詣で、浜に出て、淡路島を眺めながら大川村（紀州海部郡）を過ぎ児嶋村（泉州日根郡）に泊まった。一一日も早く出立し、信達《しんだち》を経由して来た道を帰った。すなわち、陸路、浪速・守口《もりぐち》をへて枚方《ひらかた》に泊まり、一三日早朝に石清水《いわしみず》へ詣り、淀をへて、申時《さる》（午後二時頃）京に戻った。途中、各所の風情に興じて二一首の歌を詠んでいる。筆者沢村はこの代参を「この道の冥加《みょうが》」で、「いと忝《かたじけ》なさ身にあまりぬ」と記している。

和歌の浦を訪れて和歌を詠み、景色を描写する人もいれば、そのような才を持ち合わせなかった人々は、遊覧記念に一枚刷りの「和歌浦名所記」（図3口絵、版木は玉津島社蔵）を購入した。

和歌の浦の土産

入した。これには和歌の浦を構成する三二箇の名所、その名称（自然地形・建物等）と説明、および末に「名産」が記されている。名産品は、玉津島の蠣・和歌海苔《わかのり》・ちりめん魚子《ななこ》・木の葉カレイ・歌仙貝、芦柄《あしえ》の団扇《うちわ》・芦軸の筆・松の楊子《ようじ》・名所記・絵図の一〇点が挙げられている。「名所記」はこの刷り物のことである。「絵図」は例えば「和歌浦図」（田中屋源五郎版、『図録①』Ⅱ－23）、「玉津島社絵図　幷《ならびに》　和歌名所」（和歌村日高屋嘉七郎謹製、図9口絵）、「紀州和歌浦絵図」（『図録①』Ⅱ－29版元不詳）、「和歌浦真景名草山登臨之図」（図10口絵）などの刷物である。旅行者はこれら絵図等の土産を購入した。一九世紀にはその種類も多くなった。玉津島社では、和歌浦の景色を描いた扇面「紀伊国和歌浦勝景」（図13口絵）や衣通姫像の刷り物（『玉津島』65）を参詣者に土産として頒布した。

【2】和歌の浦を描いた絵画

中世の和歌の浦を描いた作品で、今日残されているのは室町期の「慕帰絵詞《ぼきえことば》」（七巻）だけである。近世になると、和歌の浦の景色は絵巻物、屏風等に多様に描かれた。和歌の浦の景色にたいする印象や理念を表現する「名所図」と、実際の景色を実写する真景画に大別される。この節では地元の文人画家や来訪した文人画家が和歌の浦の景色を見て描いた作品、真景画を中心に紹介する。紀行文は和歌の浦の景色や人文情報を文字で表現するが、和歌の浦の全体・細部を図像で表現する。絵図全体の構図、玉津島社周辺の描かれ方や絵画全体の中での同社の位置についてふれることとする。和歌の浦を描いた著名な絵画は和歌山市立博物館『和歌浦《わかのうら》―その景とうつりかわり―』（前出、『図録①』）に展示資料として掲載されており、紙幅の都合で、ここでは作品名等を上げるにとどめる。同図録を参照されたい（本書での写真掲載は一部に限られる）。

浅野期の障壁画

近世の和歌の浦・玉津島社が初めて詳細に描かれたのは、狩野甚之丞《かのうじんのじょう》「名古屋城本丸御殿対面所次之間《たいめんしょつぎのま》」の襖《ふすま》絵（東面・西面）と壁絵（南面・北面）であった。この障壁画で囲まれ、創り出された空間は、名古屋城から遠く離れた紀州の城下町和歌山・和歌の浦の、絵画バーチャル世界であった。その作成経過は前述のように、徳川家・浅野家の政治的連携を計るためのもの（政略結婚）であった。それゆえ、浅野家の領地である和歌山城下・和歌の浦の世界が描かれているが、〈民衆生活と密着した天神社（天満宮）〉と〈古代的玉津島社〉という両極の浅野期的政治的性格が見られる。

上段の間に続く西側襖絵（図5口絵）には、向かって左から紀三井寺、布引の砂洲と松原、漁村津屋《つや》、輿の窟・玉津島社と松の群生が描かれている。隣り合う北面壁絵は和歌の浦西部浜辺、天満宮、雑賀野が描かれている。これらは全体図が名古屋からつながる街道（南面壁絵）、和歌山城下（東面襖絵）から続くことによるものであろうか、ほぼ北からの鳥瞰図である。これが一七世紀初頭の和歌の浦の景色であり、玉津島社はほぼ中央に位置している。地理的にもワイドな和歌の浦の空間があり、その景色を切り取ればこのような構図となる。

その後の近世和歌浦景観の基本的な構図がこの作品からはじまったといえよう。しかし、当時は公開されていないので、構図等の技法が継承された否か不明である。

東照宮縁起絵巻――近世絵巻物の始り

絵巻物は詞《ことば》書《が》きと絵が組み合わされ、横に長い紙面を利用して物語の時間と絵が共に左横に展開してゆくという特徴を持っている。

この様式を蹈襲したものに正保三年（一六四六）住吉如慶《すみよしじょけい》作「東照宮縁起絵巻《えんぎえまき》」第五巻の絵がある（図4口絵）。詞書きの後に和歌の浦の鳥瞰図《ちょうかんず》が配置されているが、東（図右）から、布引松・妹背島・玉津島、中央に東照宮、その左に天満宮、西端に雑賀崎《さいかざき》の岬と島々、絵図手前（下部）に砂洲及びお旅所、絵図奥側（上部）陸地との間、東西に長く入江が描かれている。これらの自然＋人文の景観に加え、東照宮から御旅所にむけた、西で折り返した祭礼行列が書き込まれている。祭礼絵巻である。東照宮自身が南面する性格を持ち、東照宮を中心に据える結果、南空からの鳥瞰図となる。

この絵巻は、南空から見た東西に拡がる自然景観が、長さ約五ｍの料紙（幅三六㎝）に余すところなく描き込まれている。東照宮＝家康信仰の徳川家的政治性のある絵巻であり、玉津島社は端の位置しか与えられていないという特徴がある。近世和歌の浦の特質（パクス・トクガワーナ＝徳川の平和）を暗示している。この絵巻は藩主家の間では広く閲覧されており、徳川吉宗も少年期にこの絵巻を熱心に見学した（末裔に見せるための絵巻、拙著『紀州藩主 徳川吉宗』）。一九世紀に刊行された『紀伊国名所図会』の挿絵となった岩瀬広隆《いわせひろたか》原画はこの構図を継承している。お抱え絵師広隆はこれをみる機会があったのであろう。

この絵巻の下絵「紀州若浦之図」（『図録①』Ⅱ-1）を前年（正保二年）に住吉如慶が描いている。この絵巻には東照宮等の施設名と、かなり詳細な地名までが書き込まれている。作者は現地で事前に地名等の聞き取りを行ったことが推測され（米田頼司『和歌祭――風流の祭典の社会誌』）、地形や寺社施設の形状も実見したと考えられる。名古屋城障壁画が風俗図の要素を強くもつのに比べ、この下絵は真景図としての性格を強く持つ。後の真景図の始まりといえよう。ただし、これも画家の間で公開されてはいないので、後世の真景図に影響を及ぼしたといえるどうかは留保される。

狩野探幽・古信《ひさのぶ》の絵巻物——絵巻物の展開

狩野古信《かのうひさのぶ》作「和歌浦図」（玉津島社蔵、表紙〈カバー〉）は徳川吉宗が奉納したものと伝えられている。署名のある狩野古信は、江戸木挽町《こびきちょう》狩野家四代（一六九六〜一七三一）で、享保八年（一七二三）に八代将軍吉宗の遠出のお供をするようになった（『古画備考』）。作年代は一八世紀初めである。北側（やや東）からの鳥瞰図となっている。描かれた景観は、右から左へ、東照宮・天満宮（背景に権現山）、入江の向こう側（上部）に砂洲とお旅所、手前側（下部）に玉津島社と奠供山・鏡山、三断橋、妹背山、和歌川河口、布引松、紀三井寺という展開で構成されている。東照宮・天満宮・お旅所・玉津島社の四ヶ所には朱色の鳥居がはっきり描かれており、小さい図像であるが強い印象を与える。

この絵は和歌浦を実見して描かれたのであろうか、以下この点を考える。絵の中心部は屹立した奠供山と麓の玉津島社と河口干潟（但し満潮景色）である。この中心部の構成は寛文《かんぶん》三年（一六六三）狩野探幽《たんゆう》作「和歌浦」（『図録①』Ⅱ-6）とよく似ている。この「和歌浦」には、左に紀三井寺、布引砂洲と松、中央に河口干潟、右に妹背山、三断橋、津屋・鏡山、直ぐ上部に天満宮と水辺の鳥居という、北から南を鳥瞰した景色が描かれ（真景図に近い）、さらに右奥（図右上部）雲上に和歌山城が描き込まれている（この点で名所図）。

和歌山城が描き込まれたことから、探幽にこの絵を注文したのは徳川頼宣と推測される。三断橋にみられるように、近世徳川時代に入ってから整備された和歌浦の景観が描かれている。しかし、前出「東照宮縁起絵巻」（図4口絵）のような東照宮中心の描き方から脱しており、（名古屋城襖絵との共通性も持ちながらも）、パクス・トクガワーナの新しい描き方を示しているといえよう。探幽はこれとよく似た構図の「松島　和歌浦　切戸《きれど》図」（掛け軸、三幅『図録①』Ⅰ-8）を寛文五年に描いている。この掛け軸「和歌浦」には玉津島社も小さく描かれ、紀三井寺、妹背山+玉津島社、天満宮+水鳥居の三景が近世名所絵を構成する三要素となっている。この構図こそが天の橋立（切戸）、松島と並ぶ、日本三景の和歌の浦を象徴し、表現していると探幽は認識したのではなかろうか。この構図は後の屏風絵に展開する。ちなみに、探幽は万治四年（一六六一）に「紀州友ヶ島図巻」（聖護院所蔵）を描いているが、紀州に来訪して、和歌の浦の景色を熟知していたのであろう。

さて、古信は狩野派絵師としてこの探幽の絵を学び、継承したとみられる。紀州出身の吉宗がこの絵を描かせた可能性は高いであろう。古信作「和歌浦図」（表紙〈カバー〉）には、石造を示す白色の構造物が二つ描かれている。それは東照宮境内入口「下馬橋《げばばし》」と、和歌道から出島《でじま》集落を一直線に結ぶ「新道《しんみち》」の通船橋である。前者の描き方は適切であるが、後者は後の不老橋のような石造アーチとして描かれているが、この石造橋が何であるかを説明できない。このことから、この作品は実景ではないと判断される。古信は紀州へ来ていないであろう。とはいえ、この作品では、玉津島社社頭や妹背山などは詳細に描かれ、神社の檜皮葺きと民家の瓦葺きも描きわけられている。長さは約三ｍあり、やや長いめである。この作品は大変丁寧に描かれているが、注文者（吉宗）の意向が反映し、古信の技能が十分発揮されているといえよう。

桑山玉洲――絵巻のさらなる展開

桑山《くわやま》玉洲《ぎょくしゅう》は、天明二年（一七八二）に「若浦図巻」（図7口絵）を描いた。長さは三ｍ弱で、この絵巻の構図は、東方から鳥瞰図として描かれているところに最大の特徴がある。まず、絵巻の上部と下部の間、横長く（図右から左、北から南へ）和歌川が流れ、和歌浦湾に注ぐという、水面・海面が中央部に大きな紙面を占めている。右半分上部には、右上角から和歌道松並木、愛宕山《あたごやま》・御坊山《ごぼうやま》（現秋葉山）、市町前の入江を囲んで権現山から妹背山までの島山列と、天満宮・東照宮・玉津島社、入江向こう側に砂洲と松原が描かれている。下部は右から、和歌川の手前に三葛《みかずら》村の集落が僅かに描かれ、左側には名草《なぐさ》山の峰と紀三井寺、名草浜が描かれている。左上角には下津の岬が描かれている。空中撮影の写真を見るようであり、自然地形と人文景物が忠実に描かれ、真景図であることは云うまでもない。

東部からの鳥瞰絵巻はこれまでになかった。構図の斬新な変革、刷新が見られる。描いた桑山玉洲は和歌の浦に住んでおり、名草山を登ったことがあるに違いない。この絵では名草山の一部も描き込まれているが、基本的には名草山登臨《とうりん》経験による構図である。また近世の名所的景物（寺社の建物や橋等）を強調する傾向を一切排し、自然地形のスケールをそのまま表現するという特徴もある。

熊中奇観《ゆうちゅうきかん》——東南からの鳥瞰《ちょうかん》

これより僅かに遅れて、東南からの鳥瞰図が出現した。寛政元年～享和元年（一七八九～一八〇一）、「熊中奇観」下巻（和歌山県立博物館蔵、『図録①』Ⅱ-15）の巻末に、熊野参詣道の景観が描かれた。右から左に掛けて、熊野路を北上し、最後に和歌山城下・和歌の浦がある。最後の場面右から紀三井寺、玉津島・妹背、東照宮・天満宮。玉津島社境内の鳥居・拝殿・本社・神庫・伽羅《きゃら》山、と詳細にが描かれているが、南東から見た景色である。東照宮中心の縁起絵巻の視点を四五度東へ寄せたものであるが、絵の中心に来るのは伽羅山・玉津島社、妙見山・養珠《ようじゅ》寺、妹背山である。そして赤い鳥居が四つ描かれ強調点となっているが、完全に中央に玉津島社鳥居、右端に紀三井寺惨状に一つ、左天満宮前一つ、その下方御旅所に一つ配されている。縁起絵巻と同類ではない発想がみられる。

さて、東の方角から和歌の浦をみるという描き方、構図は、一九世紀に入り野際白雪《のぎわはくせつ》「菖蒲湾《しょうぶわん》和歌浦詩画巻」（同Ⅱ-26）や文化九年（一八一二）作者不詳「和歌浦之賦《ふ》」（同Ⅱ-27）などに継承され、さらに、先に紹介した淵上《ふちがみ》旭江《きょっこう》原画の刷り物「和歌浦真景名草山登臨之図」（図10口絵）、岩瀬広隆原画、帯屋伊兵衛《おびやいへえ》版「紀州和歌浦之図」（図11口絵）、幕末期の松田緑山《まつだろくざん》「紀州自名草山《なぐさやまより》和歌之浦眺望之図」（『図録①』Ⅱ-45）に継承される。

刷り物への展開

刷り物は正に多数刷られ土産物となったが、この景色は和歌浦を訪れた人、西国三十三所順礼者などが名草山中腹の紀三井寺に登り、自ら見た景色である。それ故この刷り物は思い出となり、土産となった。「万葉集」に、「玉津島見れども飽かず　いかにして包み持ち行かむ　見ぬ人のため」という歌があるが、玉津島を中心とする和歌浦の景色をこの刷り物によって持ち帰ることができるようになった。

「万葉集」の歌、貴族世界の景色が、刷り物によって広く民衆の物となった。その大変革をもたらしたのは、桑山玉洲の新しい視点であり、技能であった。この変革が他所の絵師によってではなく、そこに生活している地元の絵師によってなされたことは、和歌の浦の自然の力が生み出す、ある種の必然であった。なお、東南からの鳥瞰図の刷り物としては田中屋源兵衛版「和歌浦図」（『図録①』Ⅱ-23）や版元不詳「紀州和歌浦絵図」（『図録①』Ⅱ-29）などがある。この方向からの構図も継承された。

このように一八世紀末葉になると、政治性を離れた真景図が成立し、民衆の手にも景観絵図が普及する。このように確立された和歌の浦の視点場は、文人世界、民衆世界で共有され、やがて近代の写真機の登場で、写真を使った絵はがきに継承されることとなる。

屏風絵

屏風は室内調度品で、室内の装飾を担い、絵巻物に比べ人に見られる機会がより多く、屏風絵は人に見せることを強く意識した美術品である。この内、玉津島社を含んだ屏風絵は構図の点で、A南空鳥瞰型、B北空鳥瞰型、C東空鳥瞰型の三通りがある。

A南空鳥瞰型は、南空から和歌の浦を見たように描いた作品で、寛文五年（一六六五）の「和歌御祭礼図屏風」（海善寺蔵、『図録①』Ⅱ-8）、ほぼ同時期作の「和歌浦図屏風」（和歌山市立博物館蔵、同Ⅱ-4）はこの型である。前者は「縁起絵巻」と同じ構図であり、作成意図も和歌祭りの記録という点で同じである。構図の特徴は東照宮中心であること、御旅所までの長い行列を描くため、入江を水平中央部に描いていること、人が多く描かれていることである。したがって、辛うじて図右端に描かれた玉津島社は付け足しである。

後者は左半分三扇（西）に権現山・東照宮が中心に（天満宮は比較的小さく）描かれ、右半分三扇《せん》（東）には、頼宣の母が整備を指示した妹背山を中心に、西に玉津島社・三断橋、東に干潟（和歌川河口）を挟んで紀三井寺が控えている。船頭山・雲蓋山と市町の集落がこの東西二つの極をつないでいる。徳川頼宣によって整備された近世の和歌の浦は、東西二つの極を持ち一体化しているが、この景観の特徴がA型屏風によく示されている。「和歌浦図屏風」左隻（『図録①』I-15）も同型である。

ついでB北空鳥瞰型は、北（やや東）から和歌の浦を鳥瞰したように描いた作品で、残されている屏風ほとんどがこの型に属する。玉津島社を描き込んでいる作品として、B1「厳島和歌浦図屏」右隻（東京国立博物館所蔵、『図録①』参考3）、B2「和歌浦図屏風」（和歌山大学蔵、図8口絵）B3「天橋立《あまのはしだて》和歌浦図屏風」右隻（大倉集古館蔵、『図録①』II-13）、B4「和歌浦天橋立図屏風」左隻（和歌山県立博物館蔵、同II-12）が上げられる。

B1東博本では、六曲の画面の内、右二扇に天満宮、左二扇に紀三井寺、中央二扇の下部（地）に玉津島社が、上部（天）に金雲、中央部に和歌川河口海面（干潟）が描かれている。水面はちょうど台形の形でその廻りに上記三寺社が配置されている。左の紀三井寺、右の天満宮は大振りに、ほぼ均等な大きさで描かれている。底辺部に位置する玉津島社はかなり小さいが、屏風絵の要の位置にある。第一扇下部から第三扇にかけて（天満宮の前を）和歌祭りのような行列が描かれている。この制作年代は「江戸中期」とされているが、次のB2和大本との関連で見直しが必要であろう。

B1が約120cm×285cm余の普通サイズであるのに対し、B2和大本は101cm×約240cmと少し小振りである。その構図はB1国博本と酷似しているが、この景観年代は女性着類、風俗等から元和・寛永期（一七世紀初頭）とされている（『和歌の浦―その原像を求めて』）。両者共に和歌祭のような行列に派手な文様の母衣《ほろ》が多数行進しており、縮少が命じられた寛文五年（一六六五）以降はあり得ない。また東博本では、第二扇に描かれる神社は明らかに天満宮である。この位置に天満宮が描かれるのは、制作年代が古く、後には東照宮らしき社頭へと推移する。

B4県博本についてみると、六曲の右二扇目に東照宮らしき社頭（間近に水辺鳥居があるので天満宮とも解される）、左一・二扇に紀三井寺、中央三・四扇に玉津島社（但し東西が逆）が配置されている。第一扇の右下隅に和歌山城が小さく描かれている。この第一扇を除き、五ツの扇で構成される画面に、三寺社が逆三角形（下の頂点は玉津島社）の形で配置されている。B4によく似た構図のB3は一七世紀の作とされ、B4は「江戸中期」となっているが必ずしも先後関係は断定できないであろう。

最後に、C東空鳥瞰型として「和歌浦図屏風」（和歌山市立博物館蔵、図6口絵）がある。この屏風は高さ約37cm×幅約149cmの二曲の枕《まくら》屏風である。東の空から西、和歌の浦をみて、その自然・寺社・集落を描いているところが注目される。全体の構図は中央の上部（天）から左右斜めに山や峰を描き、その麓・入江・湾の海面を中央左右に片男波の砂洲が走るという美的な構成（頂点鈍角の三角形）となっている。

右半分奥の方（図の天部）から、田浦《たのうら》の集落、その手前、右山手の中腹に東照宮、天満宮（「天神」）、水辺鳥居、出島集落（「三軒家」）、砂洲の中央に御旅所、さらに手前右から妙見山、養珠寺、玉津島社、芦辺屋、三断橋があり、一番手前（図の地部）右から左へ和歌川が流れ、妹背山が描かれている。まるで富士山（中腹）に雲がたなびくような図柄である。景観年代は万治三年〜寛文一一年（一六六〇〜一七一一）である。

絵巻物で、和歌の浦を東から描いたのは玉洲が初めてで、画期的と先に述べたが、これより大分早く、この景色の秀逸性をこの屏風絵作者は知っていたが、継承されたのか疑問である。恐らく枕屏風が公開性の低い調度品であったためであろう。

再び玉洲図

桑山玉洲は、前出「若浦図巻」（図7口絵）につづいて、「和歌浦図」（『図録①』Ⅱ-13）を寛政元年（一七八九）以前に描いている。この絵は高さ幅二〇cm、長さ約八五cmのやや小さめの絵巻物である。狩野古信の同名「和歌浦図」（表紙〈カバー〉）と同じく北からの鳥瞰図で、右端には市町前の入江の西端、天満宮の水辺鳥居が描かれ、図の奥（天部）に片男波の砂洲が左方向へ長く延び、図手前（地部）には右から船頭《せんどう》山、妙見《みょうけん》山、雲蓋《うんがい》山、奠供《てんぐ》山（当時伽羅《きゃら》山）、鏡山、妹背山の連なりが、また山の麓、手前側に津屋の集落が描かれるという構図である。このように和歌の浦を構成する自然、景物はほぼ正確に描かれ、「若浦図巻」(図7口絵)とは違った角度から見た真景図といえよう。

「和歌浦図」とほぼ同じ絵(玉洲作)が、漢詩集「弱浦《わかのうら》賞勝玉藻《ぎょくそう》詩集」(川合春川=岡本稚川著、寛政二年〈一七九〇〉刊、墨摺《すみずり》、和歌山県立図書館蔵)の挿絵として採用されている。玉津島社・鏡山・妹背山を北から描いた図(『図録②』)や、権現山・水辺鳥居・新道等を描いた図(『図録①』Ⅱ-14)など三丁半の図である。自然地形、景物を詳細に描いている。

桑山玉洲筆「明光浦十覧冊」(『図録①』Ⅱ-17)は、寛政年間(一七八九—九九)に、和歌の浦やその周辺の名所地名や景色を題材とした、八景詩歌の絵画版である。多くはイメージ画であるが、「玉津春暁」と「輿窟《こしのいわや》浪華」が真景図に近い絵として注目される。前者は東からの鳥瞰図で、前出「若浦図巻」の一部を切り取ったのとほぼ同じである。後者は鏡山の南側に、永年の波によって穿ち形成された輿窟を丁寧に描写した絵画で、独立した絵画としても秀逸な作品である。

このように桑山玉洲は、地元和歌の浦の景色をありのままに写し取り、人々に知らせ、その景勝美に対する世の賞賛を生み出した、近世最大の功労者であった。

5 近世中後期、神主家の人々

【1】神主高松氏と歌道・国学―房隆・房雄―

近世以降の神主家代々の当主は、玉津島社文書等の記載から次の通りと推定される（56頁の表1参照）。

神主家高松氏

吉久……―①甚左衛門―②吉重（采女正《うねめのしょう》）―③隼人《はやと》（采女正）―④房隆《ふさたか》（采女正、刑部少輔《ぎょうぶしょうふ》）

吉久：慶長一一（一六〇六）
①甚左衛門：万治二（一六五九）
②吉重：慶安四（一六五一）出生／延宝五（一六七七）／貞享二（一六八五）以前に死去
③隼人：養子／貞享二（一六八五）修繕帳／享保九（一七二四）勘定帳
④房隆：延享元（一七四四）／延享三（一七四六）従五位下／安永九（一七八〇）頃死去

―⑤房雄《ふさお》（上総介《かずさのすけ》）―⑥房誠《ふさまさ》―⑦房躬《ふさみ》（上総介）―⑧房生《ふさお》（河内守《かわちのかみ》）―⑨勢二郎

⑤房雄：天明五（一七八五）／享和二（一八〇二）／文化一〇（一八一三）／文政九（一八二六）
⑥房誠：文化三（一八〇六）神主／文化一三（一八一六）従五位下／文政五（一八二二）
⑦房躬：天保三（一八三二）上総介／※奠供山碑建立
⑧房生：文政八（一八二五）出生／※上総介長男／文久二（一八六二）房生初出／明治三（一八七〇）従五位／明治二三（一八九〇）
⑨勢二郎：文久元（一八六一）出生／※房生二男／（勢次郎・勢治郎）／明治一〇（一八七七）／明治二九（一八九六）

―⑩豊若

明治三年（一八七〇）一一月に高松房生が作成し、新政府下和歌山藩へ提出した玉津島社の由緒書（玉29）によると、第二代目吉重は、寛文四年（一六六四）後西天皇の短冊奉納の際、藩主頼宣より「十四歳に相成り候神主采《うね》女《め》え京都の進退・習礼申し付けられ、翌日出立、上京」した。「位階の義、奏聞《そうもん》に相成り、采女正六位下」となった。「以来代々闕(欠)けることなく受領《ずりょう》仰せ付けられ、私代に至り七代叙爵《じょしゃく》仕来り候」との伝承が記されている。第一代目の甚左衛門は未だ位階を得ていないが、近世以降は、八代続いていることが確かめられる（吉久については前述44・56頁）。なお、三代目隼人は養子である（玉14願書）。また文久元年（一八六一）史料に「日向守」、慶応四年（一八六八）史料に「対馬守」が見えるが、高松房生自身の可能性がある。

冷泉家門弟　高松房隆

次に活躍したのは第四代目高松房隆である。房隆の生年や神主就任、位階受領の年は未詳である。元文四年（一七三九）「采女少輔」（表1 56頁）が高松隼人か同房隆かは今のところわからない。房隆は、明和三年（一七六六）、春秋祭礼の継続実施、禁裏御所からの使者派遣と、又明和八年の仙洞御所からの使者派遣、さらに天明三年の後桜町上皇の玉津島社参時の神主である。房隆の奮闘なしには両御所との関係は進展しなかった。また房隆は具体的打合せを担当し、禁裏・仙洞御所の執次《とりつぎ》衆や局《つぼね》女官からの指示を受け、密接な交渉を行っている。当時、京都に最も近い人物であった。

このような関係の始まりは房隆の歌道への入門と密接に関係している。房隆は延享三（一七四六）冷泉家の門弟となった。玉津島社には次のような同年の「冷泉家歌道門弟披露状控」（玉12）が残されている。

歌道御門弟たる上は、住吉・玉津嶋大明神御照覧、聊《いささ》かも疎略《そりゃく》に存ずべからず候。この旨を以って、宜《よろ》しく披露せしめ給うべく候。よって状件《くだん》の如し。

延享三年　　従五位下橘房隆（花押）

冷泉殿御家　中河(川)殿

門弟となったので、住吉・玉津嶋大明神の御覧を大切にするので、冷泉門下に披露して下さい、という主旨である。返書が届けられたと見られるが、同社には冷泉家の雑掌《ざっしょう》中川右近清基（106頁前出）から刑部少輔あての書状本紙を入れた包紙が残されている。残念ながら本紙はない。

現在、京都の冷泉家時雨《しぐれ》亭文庫に、土佐光芳《みつよし》筆「衣通姫・玉津島大明神図」（『図録②』67）がある。この図には衣通姫の歌「わかせこか　くへきよひなり　さゝかにの　くものをこなひ　こよひしるしも（我が背子が　来べき宵なり　ささがねの　蜘蛛の行ひ）」という賛が添えられている。これを書いたのは高松房隆であり、房隆は冷泉家との関係を深めた。この結果は玉津島社「衣通姫像版画」（同前65-67）につながっていったと小橋勇介氏が指摘している（「玉津島神社の歴史　概説」、同前）。

本居宣長と高松房雄

第五代目の高松房雄は一八世紀の後半期に国学者本居宣長《もとおりのりなが》に入門し、玉津島社の再興隆に貢献した。宣長は寛政四年（一七九二）第一〇代紀伊徳川藩主治宝《はるとみ》に五人扶持で召し抱えられ（松坂居住）、同六年一〇～閏一一月、和歌山に来て、藩主治宝に講義を行い、玉津島社などに参拝した。房雄が入門したのはこの時である。以降、次の手紙（玉133）のような交流が続く。

貴札《さつ》拝見仕り候、左候えば、御親父様御義春以来御病気にござなられ候ところ、御養生御験《しるし》なく、去月一向存ぜず、御病中御尋ねも申し上げず、且又御死去の御義も未だ承け及ばず、この度御状につき始《（初）》めて承知仕り、さてさて御残心の至りに存じ奉り候。この節御忌明けも成され候由、甚だ延引ながら御悔み仕りたく、かくの如くござ候。早々、恐惶謹言。

九月二十四日　本居春庵《しゅんあん》

宣（書判）

高松上総介様

この手紙は松坂にいる宣長が、房雄の父（房隆）の死去を知り、丁重に弔意を伝えたものである。房雄は紀州国学者の中でも宣長から一目を置かれる人物であったことがわかる。なお、この手紙の年代は、天明五年（一七八五）～寛政五年（一七九三）である（拙稿「稲掛大平『玉鉾百首解』と玉津島社高松房雄」）。

稲掛大平《いなかけおおひら》と房雄

ついで、房雄は後に宣長の養子となる稲掛大平《いなかけおおひら》と、弟子同士としての親交を深める。次の手紙（玉146）は寛政八年九月に松坂の大平が和歌山の房雄に宛てた手紙である。貴重な書状なので、少し長いが全文を紹介しておく（「　」や（　）は引用者がつけた）。

八月三日御状、同十日頃相届き、忝なく拝見仕り候。秋冷の砌、益《ますます》御勇健ござ成られ候由、大慶至極に存じ奉り候。ここ表大人（宣長）始（初）め私共異なく罷りあり候。……然れば「玉鉾百首解」御序文板（版）下御清書下され、忝なく仕合に存じ奉り候。二通り御認め下され、その内一方相用ひ申すべく候。甚だ見事、大人も御喜悦成られ候。彫刻仕り候はば一入《ひとしお》きれいに相成り申すべく候。

一「玉ほこ百首解」出板（版）の節は一部進上仕るべき義、かねて左様思し召し下さるべく候。板（版）本出で候迄、御覧成られたきよし、草稿の本ござ候間、近い内、便り次第に指し上げ申すべく候。これ又左様思し召し下さるべく候。

（中略）

一六月十六日の頼書状、七月二十日に御地へ御手に入り候よし、延引と存じ奉り候。しかしこの度御序文早く相届き、随分都合よろしく候。

一先日、吹上御殿より本居大人へ拝領物これあり候。わか山何かとの様子などなど書中に御きかせ下さるべく候、右御礼　旁《かたがた》かくの如くにござ候。恐惶謹言。

九月三日　　稲掛大平（書判）

高松上総介様

書中で「大人（宣長）」の安泰にも触れた上で、「吹上御殿」＝藩主治宝からの拝領品の御礼や和歌山の様子を尋ねている。

また房雄が「神主」職を「社司」と改める主張に対して理解を示している（中略部）。

何よりも注目されるのは、「玉鉾百首解」序文を房雄が執筆していることである（傍線部）。

「玉鉾百首解《たまぼこひゃくしゅかい》」

まず宣長の「玉鉾百首」が天明七年（一七八七）に著され、刊行されたが、大平が「玉鉾百首解」を書いて、宣長の和歌と政治思想を解説した。寛政八年（一七九六）八、九月に稿本が完成し、寛政一一年に刊行された。これを出版するに当たり、著者大平は宣長と相談し、髙松房雄と同じく国学者である出雲国造家《いづもくにのみやつこけ》の千家《せんけ》俊信に序文の執筆、清書版下（手書き原稿）を依頼した。房雄の清書が予定より早く届き都合がよいこと、その出来を宣長は「見事」だと賞賛していることなどがわかる。なお、結果としては千家俊信が「序」、房雄が「はしがき」という題になっている。

もう一つ関連して注目されるのは、本文を読みたいと言った房雄に、本文の草稿があるので、それを和歌山へ送ると述べていることである。房雄の「はしがき」清書は二部作成され、松坂に送られたが、内一部（版下とならなかった分）が用いられて、本文草稿（大平筆）は「はしがき」「序」をつけ、整った形の稿本となり、これが和歌浦玉津島社の房雄に送られた。「房雄之印」が押印された。この稿本『玉鉾百首解　全』が現在和歌山県立図書館に所蔵されている。複数の押印から、おそらく、玉津島社髙松房雄の手もとにあった稿本が、何らかの事情で流出し、倉《くら》田《た》積《せき》氏の蔵書となり、さらにこれが図書館所蔵となった。房雄の「はしがき」は数奇な、同時に必然的な移動を経験した（同前拙稿）。

髙松房雄は宣長のきわめて有力な弟子であった。養子となる大平が第一の弟子とすれば、恐らく第二番目か三番目の位置にあった。文化五年（一八〇八）養子大平は和歌山を訪れ、翌年移住してくる。文政五年（一八二二）城下の広瀬中ノ丁に移転し、城下の門人が二三五人の多数に及んだ。その中に伊達《だて》千広《ちひろ》もいた（156頁後出）。

祈禱所設置と諸祈願

房雄は神社運営に関し、「社司」在職中の享和二年（一八〇二）に、社頭に「御祈禱所一宇」の造立を計画し、三月に禁裏御所御取次衆の町口《まちぐち》大判事に働きかけ、一一月には町口大判事から召されて上京し、参内《さんだい》して「御寄附物金子」を確保している（玉17「玉津嶋社記録貫書覚」）。祈禱所は御所からの祈禱はもとより、祈禱依頼の広がりに対応しようとしたものと見られる。

これより少し後になるが文化一三年（一八一六）「山中作右衛門殿奥方、眼病により祈願祝詞」（玉192）によると、紀州藩士で大番頭を勤める山中作右衛門の妻（二二歳）が眼病となり、医力を尽くしているが「未だ（回復の）験《しる》しを得」ないので、「医薬得て、方《まさ》に両眼更に清明することを祈り請《こ》い奉《たてまつ》る」、「平安、祈願の成就を守り助け給わんと」祈禱を行っている。金一〇〇疋《ひき》を神納した。神主は房躬《ふさみ》（房雄の子）である。

また文政三年（一八二〇）三月の願文（玉194）によると、伊勢国白子《しろこ》住久住八十輔《ひさずみやそすけ》の母は、息子八十輔が去年眼病となったので、代参を差し向けて金二〇〇疋を神納し、さらに今年三月十一日自身が社参して黄金三両を玉津島大神《おおみかみ》の前に神納し、眼病の清明などを祈願した（神主は祈禱を行った）。願文は次のようである。伊勢白子は紀州藩領の一番東北端に位置しているが、そこに住んでいる母はかなりの遠距離を経て参詣した。八十輔は有姓であり、武家かそれに準ずる身分であった。改行省略、読み下して示す。

かけまくもかしこきも、玉津島大神の珍の広前に、社司おそれみおそれみも啓《もう》す。伊勢国白子の住人久住八十輔、先歳《（年）》、八十輔眼病たるにより、代参を差し向けられ、黄金二百疋を捧げ奉り、眼病平癒清明《せいめい》せんと。然るに、今年三月十一日八十輔母社参し、いよいよ眼病清明・家内安全・家業繁昌有らしめ給わんと、黄金三両を捧げ奉り、神酒御肴菓子等形を奉り、平久安久《へいきゅうあんきゅう》聞し召めさんと、おそれみおそれみも啓《もう》す。

干時文政三年辰三月　　願主伊勢国白子住　久住八十輔母

このように、玉津島社に対する祈願は、和歌上達ばかりではなくなりつつあった。信仰者は武家からさらに地域の有力百姓・町人へと拡がることが予想される。

この節では、奠供山《てんぐさん》山頂に築かれた「拝所《はいしょ》」について述べるが、その前に、いくつかの取り組みがあったことを見ておこう。

【2】玉津島社の周辺環境

「望海楼遺址碑《ぼうかいろういしひ》」建立

まず、文化一〇年（一八一三）三月に「望海楼遺址碑《ぼうかいろういしひ》」（仁井田好古《にいたよしふる》撰文＝起草）が建立された。碑文は漢文表記であるが（『増補版　歴史的景観としての和歌の浦』）、理解をすすめるため一部を和文にして紹介する。

……神亀《じんき》元年　聖武帝始めてここに幸《みゆき》す。蹕《さきばらい》を玉津島の頓宮《かりみや》に駐《とど》むこと十有余日。その勝状を愛し、弱浜の名を改めて明光浦とせよ。……天平神護《てんぴょうじんご》元年称徳帝またここに幸し、南浜の望海楼に御《ぎょ》す。留まること七日、権《かり》に市鄽《くら》を置き、以て国人に便とす。……二帝南巡、今を距《へだ》たること千有余年。地変じ物改まり、頓宮の遺《い》蹤《しょう》復《ま》た識《し》るべからず。望海楼所処、猶あるいは考うべし。……南浜の東数百歩玉津嶋に至る。嶋東、海湾を隔て、魁然《かいぜん》一峰湾に臨みて峭立《しょうりつ》し、傍ら延縁なきは名草山なり。……名草浜なり。……琴浦なり。……今や一帯の長洲《ながす》西山の下に起こり、……南浜の前を亘り、ほとんど琴浦と相接して、玉津島の前湾海と界を分かち、僅かに波を通ずるのみ。ここにおいて万景観を改め新勝継ぎて興り、……。うべなるかな、天下の勝に冠として古に著《あらわ》して、以て今に盛んなるかな。我　公、廃《すたる》を修め、絶を継ぐの政を延ばして、邦域に及ぼし、臣《しん》好古に命じて、曰く地形変遷して二帝駐蹕《ちゅうひつ》のあとまた識るべからず。尚、幸いに海楼遺蹤の求むべき、その鬱湮《うつえん》せしめべけんや。臣好古謹んで命を奉じ、その梗概を記し、遂に石に刻む。

古代二帝の来訪した時から千年が経過し、地形も変じ、砂洲が湾を横切る形で延びたが、「新勝」（新しい優れた景色）となった。昔、「天下の勝」＝最高に優れた景色といわれたが、今も変わることのないすばらしさが保たれている。「公」＝十代藩主治宝は、古代先帝の訪れた玉津島・望海楼の遺址を探し、顕彰するように命じた。そのおおよそを石碑文に記す、というような主旨である。このように和歌の浦・玉津島の来歴、および望海楼の遺址検証作業は、藩主の指示で、文献学に通じていた儒学者仁井田好古がおこなった。

古代望海楼の場所推定

さて、この石碑はどこに建てられたのであろうか。碑文を書いた仁井田もその編集に参画した『紀伊続風土記《きいぞくふどき》』（海部郡《あまぐん》雑賀荘和田浦）には次のように記されている。

なお『紀伊続風土記』は天保一〇年（一八三九）に完成。

今の市町の東の端、丹後松の側にあり……、これより西の方、古《いにしへ》の南浜といひし地なれば、望海楼を築かれし処なり、近き頃、公命によりて碑を建て、そのことを書せり。

具体的には「和歌浦図」（同書所収）に描かれている。つまり、今の奠供山の南西市町川沿い（現和歌山県公館辺り）である。明治三〇年（一八九七）頃の写真には塩竈《しおがま》神社鳥居の直ぐ西側に写っているが、当初はさらに西にあった。仁井田は、称徳帝時代の南浜望海楼の場所について「猶あるいは考うべし」（碑文）と留保しつつも、実証的な検討によって上記の場所と解釈していることがわかる。

ところで、『紀伊続風土記』より早く文化八年（一八一一）に編纂された『紀伊国名所図会《きいのくにめいしょずえ》』（第一巻）には次のような記事がある。

望海楼遺趾　土人（地元）いふ、妙見堂の山西のかた（方）に千畳敷といふあり。扨《さて》この望海楼遺跡はここのみにあらず。玉津島神社のうしろ朧《おぼろ》山のみね、又大相院《だいしょういん》境内の峯をもしか（確）いへり。しかれども、年歳久遠《くおん》にしてつまび（詳）らかにするあたはず。

望海山大相院　……後山は望海楼の遺跡なりとそ。南にむかひ（向）あたかも屏風を立たるがごとく千刃《せんじん》に聳《そび》へ、蓋《がい》覆《ふく》せり。

要するに『紀伊国名所図会』では、和歌の浦にあるいくつかの山（太古の島）の内、千畳敷・朧山の峯・大相院後山を列挙し、特定していない。また「望海楼遺趾」の項には、祇園南海《ぎおんなんかい》の妙見山説をも紹介している。さらに、『紀伊国名所図会』では二丁の見開きで「望海楼」（楼閣）の景観図（挿絵）をつけている。

この絵画イメージは後世に決定的に誤ったイメージを拡げた。この編者は高市志友《たかいちしゆう》であるが、志友は「望海楼」は山上にあると思い込んでいる。その結果が景観図（挿絵）となって示されているが、その根拠はない。高市志友がそう思い込んだのは次のような理由からであろう。つまり、聖武天皇行幸の際には「山に登り海を望むに、此間最も好し。」（詔）という記録と、称徳天皇が行幸の際の「南の浜、海を望む楼に御しまして、雅楽と雑伎とを奏っかえまつらしめたまふ。」という記録が結合しているのである。

しかし、二つの話、聖武の「山」と称徳の「楼」は別個の事柄である。「海を望む楼」はあきらかに南の浜にある。この点で、高市志友は挿絵で勝負する「名所図会」であるがゆえに、内容が上滑りとなってしまった観がある。なお、文化八年（一八一一）「再板」「玉津島社絵図幷和歌名所」（和歌村日高屋翻刻図9口絵）にも奠供山の位置に「望海楼」と刻まれており、望海楼山上説が普及していた。実証学問の仁井田の見解は正確であり、評価される。

和歌の浦、山々の名称

現在は和歌浦地区の山々を次のように呼んでいる（図15次頁）。Aは天神山、ただし東半分A'は権現山（あるいは全体を雑賀山）、Bは船頭山、Cは妙見山、Dは雲蓋山、Eは奠供山、Fは鏡山、Gは妹背山と。しかし江戸期は少し異なっていた。

一七世紀の「紀州若浦之図」（『図録①』Ⅱ-1）ではD「ヲボロ山」、G「イモ島」、「和歌浦図屏風」（図6口絵）ではA「御宮山」、G「妹背山」、「熊中奇観」（『図録①』Ⅱ-15）ではE「伽羅山」、「和歌浦図」（同Ⅱ-23）ではB

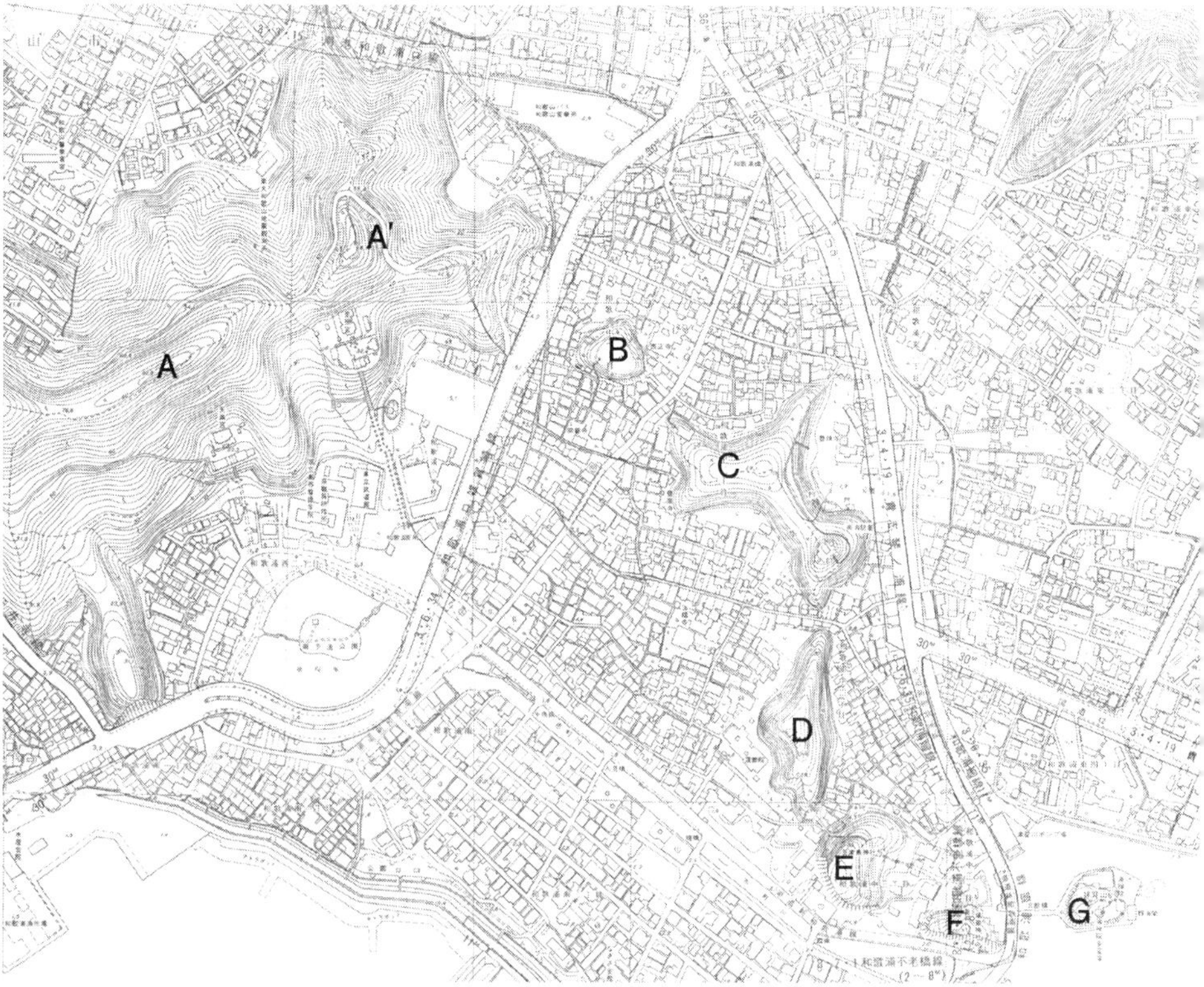

図15　和歌の浦、山々の位置図（『国土基本図』より作成）

「船頭城」、D「天狗山」、E「伽羅山」、G「妹背山」、「紀州和歌浦真景名草山登臨之図」（同Ⅱ-39）では、E「伽羅山」、G「イモセ山」としている。

さらに、一九世紀前半の「玉津島社絵図幷和歌名所」（図9口絵）では、E「伽羅山」、F「かがみ山」、『紀伊国名所図会』では、B「千畳敷」、C「妙見山」、D「天狗山」、E「朧山」・「伽羅山」、F「鏡山」、G「妹背山」、一九世紀「紀州和歌浦図」（『図録①』Ⅱ-29）では、D「天ぐ山」、E「キヤラ山」、F「カガミ山」、G「イモセ」と記されている。「奠供山碑」設置後に刊行された『紀伊続風土記』では、B船頭山、E「奠供山」、G「妹背山」、嘉永四年（一八五一）以降の「紀州和歌浦之図」（図11口絵）では、E「奠供山」、G「妹背山」となっている。

これらの事例をまとめると、Bは中世城

山的要素を持ち、「千畳敷」「船頭城」と呼ばれつつ、船頭山に落ち着いた。Cは妙見社が設置されて以来、妙見山と呼ばれた。Dは古くから「朧山」とよばれ、後に「天狗山」と呼ばれたが、一時的に呼称が混乱し（大相院山とも）、明治期に大相院に雲蓋院が移動し、雲蓋山に落ち着いた。

玉津島社後のEは、太古、波に洗われ岩盤が露出し、近世中期岩目文様から「伽羅山」とよばれたが（朧山は間違い）、次述の天保三年（一八三二）拝所（奠供所）設置以降は奠供山と呼ばれるようになった。隣の山名「テング」（音）を取り込んだこととなった。また、Fは当初「こふか《（小深）》り山」であったが（『和歌浦物語』）、近世初期に鏡が発掘され、以降、鏡山と呼ばれた。Gは当初杜鵑《ほととぎす》山・弁天島（拙稿「紀州徳川家と和歌の浦」『和歌の浦 歴史と文学』所収）・「イモ島」であったが、宝塔・題目石設置後、妹背山に落ち着いた。

社家宅

玉津島社神主宅は、貞享元年（一六八三）の「修繕帳」（玉13）に「私宅座敷畳九畳、面替《おもてがえ》」「家の四方土屏《（塀）》所々繕《つくろい》」などとあり（前述）、それ以前、おそらく寛文五年（一六六五）頃の社頭整備の一環で設けられたと推測される。

その場所は元文四年（一七三九）成立の『和歌浦物語』に「養珠寺の南二町ばかりの間、道より左は川堀にて、右は人家……なり。人家の南の端に土塀有り。これ、玉津島の神主、髙松采女少輔の宅なり。その土塀の角より右の方へ、広き道を少し上るに左はこふかり山……」とあるので、現在の社地の北東参道北側、川道沿いにあったことがわかる。

天明二年（一七八二）桑山玉洲作「若浦図巻」（図7口絵）に、白壁のある社家が描かれている。また「玉津島社絵図幷和歌名所」（図9口絵）には築地塀《ついじべい》で四方を囲われ、門のある住宅が津屋の人家と隣接して描かれている。他の人家とは趣が違っている。『紀伊国名所図会』には社叢《しゃそう》の向こう側に屋敷の一部と「社家」の文字が記されている。一七世紀後半期〜一八世紀後半期、この屋敷には和歌の浦を訪れた聖護院や後桜町上皇が立ち寄った。また文政二年（一八一九）九月、「てにおは御伝授」祈禱のため京から派遣された禁裏使者の沢村伊予守はここに宿泊している。多くの春秋祭礼使者もここに宿泊した可能性がある。

玉津島社住居向御普請

玉津島社文書中に、年不詳「玉津嶋社住居向《むき》御普請につき地形平《なら》し御入用帳」（玉23）、五～七月の「玉津嶋社住居向御普請《ごふしん》御勘定帳」（玉22）と題した二冊の記録が残されている。この二冊に費用が記録された工事は一連であり、もとの社家屋敷の敷地を拡張し、住居（「住居向」）を増改築した建築工事と見られる。

居住家屋の作事（建築）に関する「御普請御勘定帳」には、釘・杉板・わら・シュロ縄等の材料費と、塗師《ぬし》・表具屋・畳屋・大工・左官・瓦屋などの職人手間賃、および車力手間《てま》・船賃幷に乗廻し賃などの運搬経費が書き出されている。大工手間（一八八人工《にんく》）銀五三九匁、左官一二七匁、瓦屋四三一匁余、表具屋五一六匁余、畳屋四〇〇目というような費目が中心を占めており、居住建屋が造作されたことがわかる。また「井戸瓦代」一匁七分が書き出されているが、井戸掘り賃は見当たらない。これも新築でなく改築の証左である。

建物の造築であれば松用材が不可欠であるが、「地形平《なら》し御入用帳」に「御宮山より松木出し候」とあり、「御宮山」（権現山、雑賀山）から切り出された。すなわち、これは藩が許可した工事であることがわかる。これらの建築は藩の許可であるだけでなく、「御普請御入用当て金」が金五百両（銀三二貫二五匁）と「地形積り銀高」金八〇両（銀五貫一二〇目）が下付されている。下付したのは禁裏か紀州藩か。この普請はいつ頃のことか。次に見る拝所建設が許可される、第一〇代藩主治宝の時代であれば建設もありうるであろう。

社頭の再整備

絵図等で確認できる社家屋敷には、築地塀の見える表の、さらに奥の方に松等の群生が描かれており、未だ敷地利用されていない部分があった。注目されるのは、前者の「地形平し御入用帳」の次の記載である。すなわち、支出銀高として銀一貫四〇〇目を書き出し、「右は地形平し、池をつぶし、並びに岩を取片付け、地形一平《ひとたいら》に致し候につき、右入用」と注記している。工事前、この場所には池があり、岩があって「地形平《なら》し」をしないと、居住用地としては使えなかったのである。この屋敷地の南に隣接する北東参道について、『和歌浦物語』著者は「広き道を少し上る」と書いている。また「神前の入口正面に少しく土堤《どて》有り」と書いている。つまり、社地には起伏があり、廻りの土地には池や岩があり、凹凸があったことがわかる。

近世前期以来の神主居住地には、山裾の近い部分に遊水池があって山からの雨水がある程度調整できたと見られる。このため、前者の「御普請御勘定帳」には「樋箱《とい》」（敷地廻りの樋）と「三角(隅)箱」の防腐塗り賃が書き上げられている。また防水を考えた土地固めに「尾張方清蔵」が銀六六匁（約一両余）で使役されている。「尾張方」は「黒鍬者《くろくわもの》」（土地固め専門業者）のことである。

さらに、この帳面には「古土塀築直シにつき入用」銀四八匁余、「新規土塀築き立入用」銀一貫九六八匁、「土塀上塗共入用」五三〇匁余が記されており、一部古い土塀を修理しつつ、土塀を新築している。この帳の瓦代は築地塀の瓦である。

この帳にはいわゆる外構工事の費用が書き出されているが、他帳の居宅の改築を含め、この時期に社頭の再整備が図られた。

【3】山上「拝所《はいしょ》」の設置―房躬《ふさみ》―

図12口絵は玉津島社の境内と後の奠供山「拝所」を描いた「和歌浦玉出嶋社之図」である。

拝所設置の概要

玉津島社が参詣者に配った刷り物で、何枚か残されているものの一つである。ここで注目するのは、基壇《きだん》の上に妹背山の観海閣（拝殿）のような甍《いらか》のある柱間五間（約一〇m）×三間（約六m）の建物であるが、これは天保三年（一八三二）九月に設置された。

玉津島社は拝所設置のための勧化（資金集め）を藩へ出願し、天保二年五月に「願済み」（玉21「勢州三領願済写」）となり、同年九月から寄付金集めを始め、地盤整備の上、登山道を整備し、拝所の建物は天保三年九月に竣工した。着工時期は、天保三年九月の勧化講勧誘冊子「玉津嶋卯ノ日講」（玉25）に「去春から地ならし相初め」とあるように、すでに（天保二年）一〜三月に土木工事に着工した。竣工予定は当初天保三年三月であったが、竣工は同年九月というように半年遅れた。ともあれ、天保二年から計画が実行に移され、一年半以上かかったことは間違いない。そして同社は、建設資金を募金し、完成頃には、今後の経営経費を賄うために「卯《う》の日講《ひこう》」を企て、その加入を天保三年から四年にかけて大々的に各方面に働きかけた。

これは、近世後期の玉津島社にとって経営的に一大事業であると同時に、同社背後の山を奠供山として位置づけ、古代祭典復活を図るという壮大な試みであり、房躬はこれを実行した。この時点から玉津島の歴史は一つの解釈で彩られることとなった。その意味で一大画期となった。

この事業は神主高松房躬が前藩主治宝《はるとみ》や儒学者仁井田好古の援助を得てなしえたが、この取り組み経過と位置づけは、今日まで「奠供山碑」によってのみ圧倒的に広く普及され、歴史事実となっている。ここでは玉津島文書の関連史料を用いて、総合的多面的に理解できるよう説明する。

「奠供山碑《てんぐさんぴ》」

「奠供山碑」（図中山上に見える）の碑文（漢文）は、拝所竣工時に仁井田好古が起草したが、これが刻まれ、永遠となった。まずここに記された設置の理由、工事の様子などをみておこう。後世の人々は碑文から歴史をたどることになるので、それにしたがい、漢文を訓読みしておく（一部、多田通夫氏訓読を参照）。

天保壬辰の秋九月、奠供山の功始まり竣《お》わる。祀典《してん》また率《おおむね》旧章を復す也。……茲《ここ》の山也《や》、南は玉津島神祠（社）を抱え、西は海岸に峙《そばだ》ち、絶巌百有余を仭《はか》る。波濤の衝撃する所鑿穿《せんさく》し、刀削す。殆《ほと》んど近づくべからず。唯、正に東に陵夷《りょうい》す、而《しこう》して攀躋《はんせい》すべし。登ること僅かに数百歩にして、和歌浦の勝、挙げて眼底に在り。登覧の美、これにおいて最とす。聖武帝神亀の幸《みゆき》、詔して曰く。山に登り海に望むに、この間最も好し。……按ずるに、茲《ここ》の山、祠《やしろ》傍《かたわら》に聳えて、浦上に臨む。則ち春秋の祭饌《さいせん》は必ずここにおいて奠供《てんぐ》し、蓋《けだ》し望祀《ぼうし》の礼《れい》を用《もち》うる也。……奠祭終に廃し、登る者また稀にして、山径蕪穢《ぶあい》して攀《よぢ》るを得るべからず。……然るに望祀の礼未だ復せず、荒径《こうけい》なお依然たり。

要点は、工事が完成して、祭典を復活させる。この山は屹立していて近寄りがたいが、一〇〇歩登れば和歌浦の勝景が見える。聖武天皇の行幸時、この山に登り、景色を眺めるとともにお供えをして「望祀の礼」を行った。しかし現在は廃れ、山道も荒れ登ることができない。明和三年に使者が派遣されるようになったが（中略部）、まだ「望祀の礼」は復活せず、道は荒れたままである。なお、文中、玉津島社は山の南ではなく、東にある（写真2口絵）。碑に記された筆者（仁井田）の東西南北の認識は九〇度ずれていることに注意する必要がある。

我が公、盛跡の湮没《いんぼつ》を悼《いた》み、命じて之を復せしむ。臣好古《よしふる》謹んで命を奉《うけたまわ》り、乃《すなわ》ち之を祠官高松房躬に謀《はか》る。志を古に有する者また来りて役を助く。ここにおいて頑石《がんせき》を転し、圮壌《ひじょう》を補い、或いは夷《たい》らにし、或いは級《つ》いで、蹬道《のぼりみち》既に成る。従容緩歩して、以ってその巓《いただき》を凌ぐべし。又山椒《いただき》を繚《めぐ》らすに曲欄を以ってす。広さ三丈、長は三（倍）。然る後、登臨の美殆んど旧観に復す。……終に古え湮没の観を復し、而して千載廃闕《はいけつ》の典を振ふ。それ、以て記すること無かるべけんや。

天保三壬辰秋九月　正二位行権大納言藤原実堅《さねかた》卿題額　仁井田好古謹んで撰し、并びに書す。

同じく続きの要点は、「我公」＝治宝は、古代栄華の痕跡が消えたことを惜しみ、「望祀の礼」とその場所の復活を筆者仁井田好古に命じた。神主高松房躬はこれをうけて有志に働きかけたので、労力が提供された。石を動かすなど山頂に平坦地を作り、高欄を巡らし、山道の階段を作った。広さは三丈（約一〇m）×九丈（三〇m）。土地造成の後、「望祀之礼」を復活させることを禁裏へ奏上する手続きをした（中略部）。こうして一千年廃れた跡を回復した。この復活をどうして書かないでおれようか、というようである。

石碑の天部に題字「奠供山碑」が書かれているが、これは禁裏武家伝奏《でんそう》の藤原実堅が揮毫したものである。山上平地に拝所が作られ、その北横にこの石碑が建てられた。

ここに書かれている歴史理解、認識は仁井田好古のそれである。ひとまず紹介し、問題点は後から指摘する。

二つの構想

碑文中で仁井田が強調している「望祀の礼」とは何であろうか。古い中国で、「望祀《ぼうし》」は「郊《こう》祀《し》」の付属小祭（『春秋左氏伝』）で、『礼記』（王制第五）に「至于岱宗、柴而望㆓祀山川㆒」（岱宗《たいそう》＝岱山《たいざん》に至り、柴をたいて山川を望祀する）とある（中国哲学専門の松村巧氏の御教示による）。古代日本では、延暦《えんりゃく》六年（七八七）桓武天皇が（長岡京の南郊）河内交野《かわちかたの》で実施。臣下二人を派遣したとの記録がある（『古事類苑』）。

仁井田はこの中国古代の古典に記された儀式「望祀の礼」が、聖武天皇の和歌浦行幸の際に実施されたと確信し、これを再現しようとしているのである。「望祀の礼」は日本の記録で、桓武天皇の事例が記録されているが（実態未詳）、基本史料である『続日本紀』に和歌の浦での「望祀の礼」に関する記事はない。

しかし、仁井田は明和年間の春秋祭礼の復活と禁裏使者派遣を既成事実＝前提として、儒学の観点から、聖武天皇による詔、和歌浦・玉津島の神の奠祭を中国古代世界へと引きつけて再解釈を行い、春秋祭礼＝「望祀の礼」との解釈を生みだし、「望祀の礼」実現の場と位置づけるに至った。和歌の浦・玉津島という場、朝廷の関わりを媒介として、儒学から和歌世界との接合をはかった。和歌の解釈から理解されてきた古代和歌の浦の世界を儒学の立場からとらえ直した。もちろん仁井田の解釈は前藩主徳川治宝に伝えられていただであろう。

碑文では仁井田が神主房躬に働きかけて、あるいは房躬との協働作業によってと書かれているが、はたして神主高松房躬は受け身だったといえるだろうか。神主房躬は、天保二年五月以前に紀州藩への勧化《かんげ》（＝募金）許可申請を出している。天保二年五月には勧化「願済《ねがいすみ》」（許可、玉21「勢州三領願済写」）となり、神主房躬は、同年九月頃より家臣向けの募金活動を始めた。勧化には許可が必要であったが、山上に拝所を設置すること自体の申請は問題となっていない。山（伽羅山、のち奠供山）の用益権は玉津島社に帰属したのであろう。拝所設置は、社家屋敷の整備と同じく神社内で完結する境内整備の一環と位置づけられていた。費用確保の点で外部との接点が生じる。「寄進帳」（玉20）を見ておこう。

当社玉津島神殿の西裏にこれあり候山は、いにしへ聖武《しょうむ》帝を初め奉り、孝謙《こうけん》帝・桓武《かんむ》帝の三帝、相い継いで御《み》幸《ゆき》あらせられし頃より奠供山と号し、眺望他にまさりし旧地にて候につき、このたび古の如く道を開き、貴賤猶もわかの浦の絶景を賞美仕り候よういたしたく、内願書出し候ところ、願の通り御免なし下され、西浜御殿よりは白銀拾枚御内々御寄附あらせられ候、何卒来る辰の春迄に成就仕りたく候間、当社御信心の御方々、多少に限らす御寄進下さるべく候よういたしたく候、御姓名この帳へ御記し下さるべく候、神前において猶も御繁栄の御祈禱いたしたく存じ奉り候、

天保二年卯九月　　　玉津島社司 高松上総介　用所 印（神納之印）

文中「西浜御殿」は前藩主治宝のことである。主旨は、玉津島社の裏山（ここでは奠供山）は「眺望他にまさりし旧地」なので、道をつけて「絶景を賞美」できるようにしたいとの（勧化に関する）「内願書」を出し、許可された。ついては工事費用の寄進を募りたいという主旨である。注目されるのは、名目は「絶景を賞美」であったことである。神主としては、眺望と参詣する人が増加し、かつ「御繁栄の御祈禱」を勧誘しているのである。しかも「貴賤」の「絶景を賞美」を明記していることである。この頃眼病治癒の祈願が見られるようになっていることとも関係しているであろう（前述）。天皇行幸から筆を興しつつも、この時代では幅広い階層（武家だけでなく民衆が視野

に入っている）を対象としている点を見落とすことはできない。

引用の趣意書の次に別紙が綴じ合わされている。そこには和歌山城二の丸表役所（藩の政庁）勤務の御書方・日記方の右筆《ゆうひつ》、御用部屋書役・認物勘《したためものしらべ》・吟味役五名が連名で金二〇〇疋を拠金したことが記録されている。治宝が推奨しており、おそらく藩内にこの募金冊子は広く廻され、拠金が集まったのであろう。

天保二年（一八三一）春より工事を始める一方で、神主房躬は「卯の日講」を企てるとともに、領内村々へ勧化を思い立った。領内のうち伊勢三領（松坂領・田丸領・白子

卯の日講、領内勧化《かんげ》

領）勧化について記録した天保四年六月一四日付「勢州三領願済（＝請書）写」（玉21）が残されている。勧化問題の経過が少しわかるので紹介しておく。ちなみに、伊勢三領支配は、藩府―松坂城代―勢州三領各代官―各組大庄屋―各村という仕組みであり、この請書は松坂城代榎坂五郎左衛門が三領分を取りまとめ、藩府へ届けたもので、それを玉津島社が写し取った。三領の内、松坂領の請書を示す。

玉津嶋社神主高松上総介方、去る卯五月願済にて、社頭の西裏奠供山の拝所再興いたし、春秋之祭礼も古のことく相初（始）め候につき、……何卒御断り申し上げたき段、村々役人共申し出候儀にござ候。然るとも御通しにも仰せ聞けられ候通り、社柄《しゃがら》の儀、勧化筋とは品も違い候儀につき、一円御断り申し上げ候儀も出来がたき儀にござ候わば、右神主申し出され候趣を以って、……世話人当方へも相越され候節、右年番庄屋共より挨拶に及ばせ、多少寄進取計い候よう仕らせたく存じ奉り候。その節村毎相廻り候儀を中募り、強て勧方等これなきよう仰せ付け置き下され候よう仕りたき段、彼是又申し出候儀にござ候。右はよんどころなき儀にござ候間、宜《よろ》しく御料簡《ごりょうけん》成し遣わされ候よう仕りたく存じ奉り候。これによって御請け申し上げ候。以上。

巳四月　　松坂領川・浜共大庄屋共

まず中略部には、玉津島社が領内廻村勧化を計画し、廻村、勧化促進の触を出してほしいと藩へ願い出て、藩は

内々に領内村々へ照会したところ、伊勢三領からは同年四月に「断」＝拒否の願い出が出された。藩は天保三年～同九年、「在々相対の勧化願い」を取り扱わずと九月に決着した、とある。しかし再度一二月二五日に玉津島社から再度廻村勧化許可を藩へ申請したところ、（右引用のように）松坂奉行から「御通し」もあり、玉津島社「社柄」は「勧化筋」と違うので、和歌山からの世話人がきたら、一組ごと当番庄屋が対応し、「多少寄進取り計らい」をさせる。村ごとの廻村や「強いて勧方」がないようにしてほしい、との大庄屋たちからの回答が天保四年四月に来た。

紀州徳川白子《しろこ》領一志《いちし》郡大庄屋たちからは、これより先三月に同文の回答が来た。田丸領の大庄屋達からは、同年五月に当領全体で金二両寄付にしたい。「廻在の儀は御差し止め」と「御通達」してほしいとの回答がきた。これらを承けて六月一七日に、以上三領の意向を松坂奉行榎坂が藩府へ知らせてきた。

領内勧化について再度の申請が通った背景には、前藩主治宝の支援があったのであろう。では紀州七郡ではどうであったか。史料はないが、伊勢領だけでなく、広く行われたと思われる。

竣工の頃天保三年九月、玉津島社は武家家臣にむけて「卯ノ日講」の設立、加入を呼びかけた。その趣意書（玉26）の後半部は次の通りである。

「卯の日講」（家臣勧化）

（略）……元来山上風あらき場所ゆへ容易の建物にてハたもち《(保)》かたく《(難)》、且又祭礼を相はしめ《(始)》候に付ても、年々余程の入用も相かゝり候ゆへ、猶こたび夘の日講相企て、当社第一の御守、幸先《さいさき》の神符《しんぷ》を出し申候。もっとも卯の日ごとに神前において、夘の日講御連中様、益《ますます》御繁栄、御長寿福禄、幸先よろしく御たもち《(保)》なされ候やう、分て御祈禱仕り候間、夘の日講へ御加入下され候ようしたく存じ奉り候。もっともこの神符御請け成され候御方々様御名前、この帳へ御記し成し下され、年々盆暮に青銅百八十文ツ、御備へ成され、春秋一度ずつ御参詣、神前にて御造酒御頂戴の後、社司の宅にて供物御頂き成され下さるべく候。日限は前広に御達し申し上ぐべく候。当社由緒の儀は略記の通にて御座候。已上。

天保三辰九月

玉津嶋社司用所 印（奠供所受納）

要点は、拝所再興について経過を述べた後（前略部）、風の強い山上ゆえの維持経費と、毎年の祭礼経費が今後多額掛かることを見越して、卯の日講を企てた。講加入者には同社の「御守」と「幸先の神符」を配る。盆暮れに銭一八〇文を納めると、加入者は春秋二期卯の日に祈禱を受け、御神酒・供物を頂戴できるということである。

この趣意書の後に別綴じの署名簿（玉26）が付いているが、そこには曽根孫太夫（御書院番頭）・立石喜太夫（大御番格カ）・堀田主膳・竹内弁五郎（御目付）・藪九郎太郎（大御番頭）・中嶋勘兵衛（御使番）・夏目弾正（御留守居物頭）・三宅源左衛門の名が記されており、中堅家臣達が拠金し、講に加入したことを示している。

また、別の「玉津嶋卯ノ日講」（玉25）と題する冊子の冒頭には、次のような記載がある。

卯の日講＝頼母子講

そもそも衣通姫《そとおりひめ》と申し奉るは、（衣通姫伝説、中略）。仁和二年（八八六）九月十三日御勅使として和歌浦に被遣、玉津嶋大明神といわひ玉へり。この時よりして望海楼を奠供山に建て、御幸これある也。その昔当《かみ》社御鎮座改滅（壊カ）、年既に尚《ひさ》し、なかんずく万治年間（一六五八～六一）国祖君旧跡の荒蕪《くハうぶ》を歎かせ玉ひ、あらたに建立なし玉ひしにより、上皇ゑひ（叡）かん（感）ましまし、例年三月九日二の卯の日、禁裏御所より勅使をなし玉ひ、御歌神献さまさまにして遊神のことを執行せ玉ふとなり、よって世上の人、卯の日に能参詣の輩、一願なす時は成就せずと云う事なし、奠供山並に拝所再興仕り、古の通り春秋の祭礼も相い初め申したき段、願相い済み候につき、上々様より御寄附もあらせられ、その外諸向より寄附もござ候えば、去春より地ならし相い初め、作事に取掛り罷りあり候。元来山上風あらき場所故、（以下、前述の玉26と同じ。略）

前段は先の募金趣意書よりも丁寧に長く書かれているが、後段は同一である。「上々様より御寄附」「その外諸向より寄附」は前年天保二年九月の内容を指し、工事進行中であるが、今後の運営経費を賄うために、講への加入を勧誘している。注目すべきは、この後に別丁が綴じられており、そこでは「卯ノ日講御連中」募集が行われていることである。仲間は親以外一〇人に限定し、月々掛金銀一六匁、一年二度の会合で五年間継続、講親（玉津島社）は初回に集銀一六〇匁を手にする。二回目以降は仲間のいずれか一六〇匁を受け取りつつ、全一〇回に（戻し銀一六匁と利子分合計銀二〇目ずつを）掛け戻してゆく。これは普通の頼母子講であり、玉津島社は講元となり、当座の拠金を確保できる仕組みである。この加入呼びかけは、おそらく商人や庄屋等有力村民が対象であった。

なお、「仁和二年九月十三日」「御勅使として和歌浦に遣わされ……この時よりして望海楼を奠供山に建て、御幸これあり」というのは史実ではない。仁和二年は同三年（八八七）の誤りであり、伝承の同三年も事実ではない。かなり雑ぱくな文章であるが、講加入勧誘書としては機能する。興味を引く内容で、効果はあるものの、しかし望海楼奠供山上説を流布しており、民衆へ混乱をもたらした。神主は、これまで禁裏等使者派遣の春秋祭礼を遂行しているから、「古の通り春秋の祭礼も相い初（始）め」という表現は、実質、山上での祭礼、実施場所の変更を課題としていることになる。神主も古代祭礼は山上といい、儒学者仁井田に強く影響を受けている。

「望祀《ぼうし》の礼」、禁裏との交渉

ところで、翌天保三年五月に次のような禁裏執次衆からの返信（玉143）があった。神主は春秋祭礼に関して恒常的に禁裏関係者（執次衆ら）と連絡があり、その繋がりの中で禁裏の儀式「望祀の礼」再興が打診された。（「」、傍線は引用者）

四月二十一日付け御札、同二十四日届き、拝見いたし候。……然れば、その節御内談の儀につき御別紙遣わされ、委細そこ表の趣承り候。もっとも早速渡辺へも仰せ示され候趣、得と内談におよび置き候儀にござ候。先頃承り置き候通り、御普請皆出来の儀は当秋にも相い成るべき由、その意も相い含め申し談じ候ところ、大概右御成就の頃に至り御願い立て然るべき哉と心付き候間、この節取り扱いの儀は先ず見合せ申し候。将又《はたまた》御別紙御願文の内に、右この度の一件は「紀州公へ御願い立ての上、江戸表へも御伺い済ましに相い成る御再興」と申す儀、御書き加え然るべく候間、右遣わされ候は、別紙ひとまず返却いたし候。御書き加えこれあり、その上程なく皆御出来の頃にも相い成り候わば、その趣を御書き取り成され候て遣さるべく候。……前以って容易に御他言等御無用に下され候。何卒程能く取り扱い候心得に罷りあり候。猶右余万々後便を期し候条、略筆御報までかくの如くござ候。恐惶頓首

五月二十一日　(御執次衆)虫鹿東市正

高松上総介様　内事御返報

(追伸、略)

四月二一日に神主から出した手紙に、「望祀の礼」再興の件について願書提出のことが触れられており、執次衆虫鹿はその取扱をもう一人の執次衆渡辺内竪頭《ないじゅのかみ》と協議した。結論は、工事竣工が秋になるようだから、今回は見合わせ、その頃に再提出するように、一旦絵図・願書は差し返すとのことである(傍線部)。再提出の願書には藩主に出願し、幕府の許可を得ている旨(「内)を明記すること、再提出まで他言禁止という注意が喚起されている。要するに、江戸時代、天皇の政治的行為の制限下、祭礼的な取り組みも幕府の許可が必要であったから、この点に十分注意を払っていることがわかる。

この年の秋には先述のように拝所が完成し、「奠供山碑《てんぐさんぴ》」が建立されるが、「奠供山碑」には「望祀の礼奏可」と記されているが、一旦却下された案件である。却下の際、再度上奏の時は、藩を通じて幕府許可済みを申請の条件として明記されている(前述)。そこに記されたように建立時にはすでに禁裏へ「望祀の礼」使者派遣の願書が提出されている可能性はあるが、幕府許可は得られたであろうか。そこに「望祀の礼」が明記されておれば、単なる遊覧でなく、統治に関わる性格が付与されるので、各方面で容易に許可が進んだとは考え難い。仁井田は当事者の外におり、楽観的であることに注意する必要がある。

拝所は建設されたが、「望祀の礼」が実施され、派遣された禁裏使者が「望祀の礼」を主催または参加したか否かは不詳である。春秋祭礼の使者派遣の記録（玉15）には弘化四年（一八四七）までの記事があるが、「望祀の礼」実施をうかがわせる記事はない。奠供山山上で春秋の祭礼が行われた可能性はある。しかし禁裏使者が参加したという点は留保せざるをえない。

拝所「再興」の背景・意図

第一〇代藩主治宝《はるとみ》は国学者本居宣長を召し抱え、儒者を多数登用するなど、広く学問に関心を示し、また諸文化を興隆させ、文政二年（一八一九）城下南西、和歌の浦の直ぐ近くに西浜御殿《にしはまごてん》を造営し、そこに逗留して政治を行った。文政七年（一八二四）に引退するが、一八二七年（同一〇）西浜御殿に移り、そこを政治拠点とし、山中筑後守を出頭人《しゅっとうにん》（御用取次）に任じて隠居政権を維持した。また熊野三山貸付所頭取に玉置縫《ぬい》殿（本宮社家）を任じ、三山の金融力を支配し、勘定奉行に伊達千《だてち》広《ひろ》（歌人・国学者、のちの陸奥宗光《むつむねみつ》の父）、林産物生産の拠点として御仕入《おしいれ》役所を支配下に置いて藩権力を分有した（『和歌山市史第二巻』）。これを隠居派政権と呼ぶ。第一一代藩主の斉順《なりゆき》の政権運営から独立していた。

治宝は天保二年（一八三一）正月、仁井田好古に起草させた「玉津島頓宮遺址記」（または頓宮碑）を玉津島社の近くに建立した。すでに所在が不明となっているので碑の形等、詳細は不明であるが、この碑文は聖武天皇以下三代の頓宮《かりみや》の遺趾を検証し、かつ和歌の浦・玉津島を訪れた故事を顕彰しようとした旨が記されている（『紀伊続風土記』）。この碑の建立は望海楼の遺趾顕彰碑建立につづくものであり、治宝が和歌の浦・玉津島に強い関心を持ったことを示している。玉津島社神主が拝所建設に動き始める時期と近く、治宝側から一連の動きを示唆し、誘引した可能性もある。

また治宝は天保三年（一八三二）三月五日「政治向万端御世話」の功により正二位《しょうにい》に昇進し、つづいて同八年（一八三七）一〇月二八日従一位《じゅいちい》に昇進した（『和歌山市史第二巻』）。ちょうどこの時期に奠供山拝所が造成された。

このように治宝は事実上の藩権力の維持と位階昇進という栄誉の確保、さらに和歌の浦・玉津島の歴史顕彰碑の建立、仁井田を代表とする『紀伊続風土記』編纂という文化事業を推進した。政治と文化事業は一体であった。

この動きの中で仁井田は学者固有の「望祀の礼」考究、独自理論の展開、その再現を実践しようとした。しかし、「奠供山碑」に記された仁井田の歴史認識には問題がある。①古代のおける望海登山の場所、②古代聖武天皇祭祀を「望祀の礼」とすること、③江戸期「伽羅山」を以前から「天狗山」=「奠供山」と措定すること、④そこにその山での春秋の祭祀が「望祀の礼」の復活という諸点が問題となり、検討しておこう。

仁井田《にいだ》の論理不足と思い込み

まず①に関して、『続日本紀』に記された、聖武天皇の登山した場所がどこであるかについては確実に論証できる課題ではない。仁井田説は間違っている可能性が高い。②に関して、村瀬憲夫氏は先行研究に留意して、仁井田の説（「奠供山碑」）に注目し、玉津島行幸時の「望祀の礼」実施の蓋然性、「望祀の思想・制度、それに伴う中国の詩文が反映している」ことを強調している（同氏「赤人の玉津島讃歌と望祀」『紀伊万葉の研究』）。聖武天皇の玉津島行幸時における「望祀の礼」実施については（細部は違いがあるとしつつも）肯定しているように見える。今日の研究者が中国の思想や制度の反映を指摘するのは、その対象が玉津島行幸時の「天子巡狩」（国見）自体と、望海祭祀の二つの要素を含む全体であり、当時の政治思想としての意味を見いだすからである。

しかし、（論証されたように、赤人の歌や登山望海に中国の「望」の思想が影響しているとして）仁井田のように「望祀の礼」が実施されたと断定することにどのような意味があるのであろうか。仁井田の「望祀の礼」の「復活」が直接意味するところは、春秋二季の山上における魚など祭饌《さいせん》の奠供《てんぐ》（お供え）であり、そこへの禁裏使者の参加であろう。これは単なる故事の再現に近いと思われるが、山川「望祀」は統治行為を含む政治思想であるから、天子の政治行為を引き出す問題が孕まれていた。儒学者は江戸期の政治実践に関与する立場であり、故事再現が藩儒としての立場と矛盾することに気づかなかったのであろうか。再現は「天子巡狩」を除く、山上奠祭（作法）だけなのか、仁井田の議論には混乱があるように思われる。

③に関して。この山をそれまで「土人」（地元）は「天狗山」と呼び、音が通じているとするが、地元や絵画等で確認されるそれまでの山名は「伽羅《きゃら》山」であり、「天狗山」は雲蓋院（江戸期大相院）の後の山と理解するのが自然である。奠供山の碑が建てられたことが強く影響して後に「奠供山」と呼ばれるようになったと見るべきであろう。『続日本紀』の理解において望海楼の場所に関しては正確な理解であったが、古代「望祀の礼」の思い入れが、地元の伝承を間違えて理解し、裏山を「古代以来の奠供山」にしてしまうという間違いをおこし、それを普及することとなった。「奠供」という漢語が古くから地域に定着していたとは思えない。

また九〇度方角を間違えていること（前述）は、現地で場所の方位を確認しなかったことによるのであろう（山や海の相互の位置はおおむね理解しているが、太陽の南中を確認してない）。実証性の高い優れた地誌『紀伊続風土記』を完成させた偉大な学者であるが、上記のような実証性に欠ける面がある。前藩主治宝《はるとみ》側近の儒学者という立場から、古代中国世界の知識と古代日本の故事、現実政治を結合させたが、やや短絡的で性急であった。なお、神主高松房躬《ふさみ》の故事再現という思いと行動は復古思想で理解されるものである。

神主房躬の思い

神主房躬は本居宣長弟子となった房雄の孫である。房雄の子房誠《ふさまさ》は神主の職にあったので、ある程度父房雄の考えを聞き知っているであろう。しかし残念ながらどのくらい国学の影響を受けていたかは調べる材料がない。さて房躬であるが、本居（稲掛）大平が天保四年まで和歌山を拠点に活動しているのでその成長期、成人期に影響を受けている可能性もあるが、未詳である。

房躬は、学問傾向ではなくむしろ企業的実践力の点で注目される。拝所の建設資金を集めるため奔走したが、天保二年の寄進帳（玉20）には、「用所印（神納之印）」を用い、天保三年卯ノ日講勧誘書（玉26）では「用所印（奠供所受納）」とあるが、拠金・加入の呼びかけ主体を玉津島「用所」というように事務機構を整備しており、さらに印文には寄付の効果を狙って表現に工夫を凝らしている。

拝所完成後には記念の刷り物が作成され（「和歌浦玉出嶋社之図」図12口絵）、次に見る「卯の日講」を企て、領内広くに参加を呼びかけ広めている。房躬に古代天皇の行幸への憧憬もあり、古代中国の山川を臨んでの柴焚き、神饌などは同社祭礼儀式と通じるところがあり、仁井田の動き（祭祀議論）を受け容れた。同時に、天保三年「卯の日講勧誘書」（玉107）には神功《じんぐう》皇后を祭るゆえに「婦人難産なき神符を伝へ」る、あるいは衣通姫《そとおりひめ》が「わかの浦をめ《（愛）》て玉ふゆへ」「諸人疱瘡《ほうそう》を軽くなさしめ、眼病をたすけ玉ふ事、諸人その霊顕《（験）》をしる」というように、参詣、祈禱の効能を説いている。さらに「御一等《（統）》様にも玉津嶋を初めわかのうらを賞美し玉」うとも書いている。房躬の本意は眺望者増＝参詣者増にあり、当代の現実的な社運向上にあった。

この奠供山拝所建設には治宝・禁裏・仁井田・房躬が関わり、共通の土台の上にも、それぞれの違った意図と目的を持って関わった。今日、石碑は玉津島社拝殿の北横に設置されているが、初めから玉津島社の所有であった。このことが象徴するように、この建設運動は結局のところ、玉津島社神主こそが発頭人であり、事業を進め、玉津島社の広い支持者を作ることに貢献した、本質的にそのような事業であった。

ちなみに奠供山碑は神主が石屋頭料《（棟梁）》物七に注文したもので、その見積り書（玉88）には、碑文を刻んだ「御立石」（高五尺四寸約一六三㎝×幅二尺×厚一尺）、「右は泉州極上々青石、碑の銘石にて、御正面極上々水磨きに仕り、三方頭《かしら》は極上々切に仕り申すべく候」。「御台座石」（高二尺約六一㎝×長四尺×幅二尺六寸）「右は御影《みかげ》石にて、細工中上切に仕立て、上場［長二尺　幅壱尺　深サ四寸］彫込み申すべく候」とある。「御立石」の「石代・手間賃」は銀三七四匁四分、「御台座石」は銀一五〇目、碑文の文字刻印は大文字四字（一字八匁）、小文字五〇〇字（一字二匁五分）、「極上々石摺り仕立て、けすり彫り」にする。費用合計は銀一貫八六四匁であった。

工事が完成した姿は冒頭に掲示した刷り物「和歌浦玉出嶋社之図」（図12口絵）に描かれている。この図は「玉津嶋社略伝記」等とともに九丁綴りの「慶応三丁卯改刻　玉津嶋神社略記　大日本玉津島神社蔵板」（玉219）に組みこまれているが、工事完成時には初刻の表紙「玉津嶋神社略記」がついた九丁綴りの刷り物が配られたと推測される。

「拝所」の景観

拝所が描かれている絵画は『紀伊続風土記』（巻二二挿絵）以外には見つからない。これには拝所建物と奠供山碑が描き込まれている。しかし、写実的な岩瀬広隆《いわせひろたか》原画「紀州和歌之浦図」（図11口絵、嘉永四年〈一八五一〉以降）には石基壇《きだん》と山の階段が描かれているが、拝所の建物はない。同時期玉津島社が頒布した扇子表面「紀伊国和歌浦勝景」（図13口絵）に同社境内と不老橋は丁寧に描かれているが、「拝所《はいしょ》」は見えない。笹川遊原《ささがわゆうげん》画「久野丹波守和歌浦荘図巻」（安政六年〈一八五九〉以降『図録①』Ⅱ-43）には山上平地のみが描かれている。

雲蓋院の「日記」に万延《まんえん》元年（一八六〇）七月二二日に烈風が吹いた。また「年行事記録」には慶応《けいおう》二年（一八六六）八月七日　暴風雨があり、観海閣《かんかいかく》が破壊されたとある。これらの強風に山上で耐えたとは思えない。いずれかの台風で倒壊した可能性が高く、三五年後の慶応三年（一八六七）には最早存在していないと思われる。改刻された時点で、拝所は、描かれた「和歌浦玉出嶋社之図」（図12口絵）の状態が保たれていると普通には考えられるが、再建の意図を持って過去の絵を付けたこともありうる。維持された期間は長くなかったのであろう。

嘉永四年までに倒壊していたとした場合、隠居政権派の山中筑後《やまなかちくご》は治宝《はるとみ》より先の九月に死去し、拝所設置推進者であった治宝は嘉永五年（一八五二）一二月七日に死去した。一二月一二日に伊達千広・玉置縫殿が追放された。拝所を再建する力はすでになく、基壇と石碑と山道（階段）のみが残ったということになる。

地域民衆の「卯日講」

慶応三年の改刻版「玉津嶋神社略記　大日本玉津島神社蔵板」を版行したのは、幕末から明治期の神主高松房生《ふさお》である。「大日本」という近代ナショナリズムの臭いがする肩書をすでに使用するようになっている。

同じ慶応三年一一月付けで「厚志衆《こうししゅう》連　卯《うの》日《ひ》講《こう》」が組織された。同講「定帳」（田葉家文書＝旧岩崎家文書）の冒頭には次のような記載がある。

最も尊ふとき玉津嶋大明神、……誠に神徳の明光也。況《いわんや》もろ〳〵の願望、悉く成就せずと云う事なし。……今度厚志連の衆《あつま》りて、卯日講と号し候て一講相企て、初会分集銀神納奉り、御互に無事長久を祈らんと欲す。

抑《そもそも》願くは速に御加入成し下されん事を偏《ひとえ》に希《ねが》い奉《たてまつ》るのみ。

慶応三丁卯霜月　　明光浦《めいこうら》玉津嶋社世話人

要点は、玉津島大明神は神徳の輝きであり、人々の願望は全て成就する。今度志厚き人々が集まって「卯日講」を企てた。集銀を神納し、自分の無事を祈る、加入下さい、ということである。呼びかけ人は「玉津嶋社世話人」であり、玉津島社の支援者が存在することに気付く。「定」には、この人数は一四人で、掛け銀は一人銀三〇〇目とあり、初回集銀四貫二〇〇目を神納することになっている。仕組みは、年二回の会合で、慶応三年（一八六七）〜明治三年（一八七〇）五年間である。普通の頼母子講《たのもしこう》であるが、神納分を生み出すことを目的として企画されたものである。同時に「会毎には、御神酒その外御茶漬等は冥加として、社司より御賄の筈」とあり、同社から地域の民衆と交流を図ろうとしたものであった。

世話人は宮本八郎右衛門（名草《なぐさ》郡吉原《よしはら》組大庄屋）や岩崎平四郎（紀三井寺《きみいでら》村庄屋）など地域の有力者達であり、参加呼びかけに応じた構成員は、酒屋文右衛門・油屋九大夫・角屋芳三郎・綛屋《かせや》吉兵衛など屋号を持つ商人や上層の百姓たちであった。和歌川河口左岸の紀三井寺周辺地域の人々であった。講の名前にもあるように、志の厚（篤）いひとびとであり、それが可能な階層の人々であった。この頃、玉津島社はこれらの階層の人々に支えられるようになっていた。同年に改刻された「玉津嶋神社略記　大日本玉津島神社蔵板」は、房生がこれらの人々と関わって発行されたのであろう。

不老橋架橋

不老橋の架橋は東照宮のお旅所移転と密接に関わる問題であるが、玉津島社の歴史的顕彰、拝所設置を通じての興隆を支えた、第一〇代藩主治宝の和歌の浦政策の仕上げとしての意味を持つので、簡単に触れておく（拙稿「幕末期、不老橋の架橋とその政治的背景」）。

嘉永三年（一八五〇）一〇月二三日、治宝は砂洲の根に近い所にあった東照宮お旅所の新地移転と付帯する土手道工事を命じた。移転先は元の場所から東南方四〇〇m先の芦の繁茂する干潟の真ん中で、玉津島社末社塩竈《しおがま》神社より南へ、新御旅所へとつながるまっすぐな道（「御裏道《おんうらみち》」）とその途中に、（堤下を舟が航行できるための）石造アーチ橋が掛けられた。道は入江を南北に横切り、先に整備された養翠園《ようすいえん》庭園の景観を模したと見られる。その景観の淵源は中国杭州《こうしゅう》西湖《せいこ》の白堤《はくてい》とそこにかかるアーチ橋断橋《だんきょう》の水辺景観にある。

嘉永四年四月一五日に完成し「不老橋」と名付けられた。橋の北詰、西側の袖柱東面に「不老橋」、北面に「[　]書儒《しょじゅ》賀茂保誠《かものやすまさ》書之」（[　]内は剝落、恐らく「揮毫《きごう》」であろう）と記されている。この揮毫者は、京の上賀茂社書家岡本家の岡本保誠《おかもとやすまさ》で、加茂流花山院《かざんいん》常雅門人岡本保考《やすたか》の孫、正四位下甲斐守《かいのかみ》である。天保一一年（一八四〇）書博士《しょはかせ》、弘化三年（一八四六）「学習院」印字、同四年孝明天皇の即位「万歳旗《ばんざいき》」印字という経歴のある人物である。おそらく当代一の書家であろう。岡本家の先祖甲斐守は玉津島社社頭灯籠に揮毫している（前述）。

玉津島社神主は代々、春秋二期祭礼の前後に京に通い、禁裏の局や執次衆と会う機会があった。すなわち、岡本保誠に不老橋名揮毫を依頼するに際して、神主高松房躬《ふさみ》が関与した可能性は十分あり得る。房躬が関わった（推定）扇面刷り物「紀伊国和歌浦勝景」（図13口絵）で不老橋は強調されており、その描かれ方や全体構図は岩瀬図（図11口絵）とよく似ている。ともに架橋記念事業で、原画は同筆かもしれない。

また、治宝の腹心勘定奉行兼寺社奉行の伊達千広《だてちひろ》は橋の架橋に関わり、嘉永五年（一八五二）治宝死後に「玉つしま入江にかけし岩橋の　老せぬ名のみ世にのこるらむ」と治宝讃歌を残している（「随縁集」）。伊達は国学者で、玉津島社との交流が推測される。

【4】玉津島社の明治維新

和宮江戸下向と玉津島社

幕末期、安政五年（一八五八）紀伊徳川家第一三代藩主慶福《よしとみ》が、第一四代将軍に就く（家茂《いえもち》と改名）という変化が起きた。文久元年（一八六一）一〇月二六日この将軍の正室として和宮《かずのみや》（仁孝天皇娘）が江戸に下向した。その直前の八月に、玉津島社の高松日向守は、途次安全等の祈禱をする使者を、禁裏から玉津島社へ派遣してほしいと執次衆《とりつぎしゅう》へ出願した。通例では執次衆七人の内一人へ出願するが、この時は三人に出願した（玉99）。力を入れていることがわかる。

……この度関東え宮様　御発輿遊ばされ候御儀は、……弥《いよいよ》 御道中御安穏に着御《ちゃくぎょ》あらせられ候よう御祈禱の御使、当社え御差し向けの義、恐ながら仰せ下され候よう仕りたく願い奉り候。ついては御稀例の御事と申、当社の規模にも相成り、尤も御祈禱執行、別して丹精相勤め申上げ奉り候間、……この段御披露仰せ立てられ、願意の趣御聞き済み成し下され候よう、宜しく御取扱の程、偏に願い上げ奉り候。以上。

祈禱の使者派遣を命じてもらえれば当社の「規模」（模範、良い前例）となる。禁裏へ披露していただいて、許可してほしいと歎願している。この願い出が許可されたか否か、結果についてはわからない。近世前期には紀伊徳川家の諸事に対して、玉津島社は天満宮・矢の宮・日前宮《にちぜんぐう》とともに祈禱を通じて奉仕するという位置づけであった。禁裏・仙洞の和歌上達等の祈禱は求めに応じて行った。これは紀州藩の公認し、勧めるところであった。しかし朝幕関係に関わる諸事についての祈禱を行うようになっているとしたら、近世の朝廷（天皇）と幕府（将軍）の関係に変化が生じているということになろう。

とはいえ、和宮の道中安全を願っていることはもちろんであるが、尊皇の機運が高まる中、自社の格の上昇に強く目が向いているようにみえる。玉津島社にとっての関心はそちらにあった。ちなみに、高松日向守は河内守房生と同一人の可能性が高い（129頁前述）。

祭礼使者の城下表通行

慶応二年（一八六六）六月に第二次長幕戦争の戦闘が始まったが、七月に将軍家茂が大坂城内で亡くなり、形勢が大きく変わろうとしていた。その翌月八月、玉津島社神主から禁裏御使番衆あてに、春秋祭礼時の禁裏使者が通行する和歌山城下入口の道筋を変更するよう、禁裏から紀州藩へ「通達」してほしいとの要望書「御内々願い奉る口上」（玉100）が出された。どういう内容であろうか。まず前半部を紹介しよう。

玉津嶋社え年々三月・九月、中卯《なかの》の日、御撫物御神献につき御使御下向あらせられ候。然るところ、国内において御通行筋これ迄城下を除き、和歌浦迄御通り筋相成り申し候。右は明秋九月より御使御人増に相成り、御改革あらせらる御儀にござ候。懸る御時勢中の折からにつき、裏道御通行の儀御感勢（威）にも今一際拘わり奉り候よう存じ奉り候。

この部分の要点は、使者はこれまで紀伊国内に入った後、城下を通らずに和歌浦へ通行していた。来年九月祭礼時から使者人数の増加等の改革が予定されている。朝廷の地位が上昇した中で、「裏道」通行は威信に関わるとの指摘である。後半は次のようである。

何卒当九月より若山城下表入口別紙道書の通り、玉津嶋社迄御通行向後あらせられ候はば、御用筋の御儀も猶更きっと立ち、私社においてもありがたく存じ奉り候。この段御沙汰の上御聞き済まし仰せつけられ候はば、向後御模様替えさせられ候段、紀州表え御通達仰せ付けられ候よう願い上げ奉り候。何分にも御時勢弁え奉り、これ迄の通り裏道御通りあらせられ、若し手軽に心得違いの者もこれあり、不都合の御儀ござ候節は恐れ入り奉り候間、前文の通り願い奉り候儀にござ候。よろしく御取扱の程偏に願い奉り候。已上。

慶応二年寅八月　　　　紀州玉津嶋社　高松河内守

御使番衆番頭衆中様

つづいて後半は、「城下表《じょうかおもて》入口」の道筋は絵図の通りで、ここから玉津島社まで通行されたら、使者派遣の意義も高まり、同社にとってもありがたい。この点を上奏して命じてほしい。変更されれば、その旨を紀州藩へ「通達」してほしい（傍線部）。もし「裏道」を通行し、事件や事故が起きると困ったことになるという主旨である。

ここに記されていることから重要な内容が読み取れる。まず正式の城下入口道は本町九丁目の惣構え門（本町御門）から入り、本町通りをお城に向かってまっすぐに南進するものである。藩主の参勤・帰国はもとより、幕府上使等はここを通行したが、武家政権の幕藩体制下では禁裏使者はあえて（非政治性確保のため）「裏道」通行が行われていたことが注目される。

通行道変更の情勢

この「裏道」ルートは、上方街道から本町九丁目本町御門手前（東）で横道に入り、新通り・熊野街道をへてまっすぐに南下し、紀三井寺から妹背山へ渡し舟を利用したのではないか（聖護院の入国も同様ではないか）。あるいは孝子峠越え、北島渡しから城の西を通り、和歌道を南下したと推定されるが、未詳である。この「裏道」通行は情勢下、朝廷及び玉津島社の威信に関わる重要な点であった。提言されているルートは本町を通り、お城正面を通行するものであろう（図14 39頁）。

また二つめに、政治状況の形勢逆転のこの頃、禁裏からの派遣使者人数が増加する予定ということである。おそらく神社重視（排仏）の傾向の中で、取り分け歴史的に永く関係を有した玉津島社の祭礼が重視される兆候があった（同社神主がその兆候を察知して、強力に働き掛けたのであろう）。

さらに、このような祭礼に関することは、従来は藩の許可によってきめられたが、ここでは禁裏が先に決め、それを紀州藩へ「通達」するというように変化していることである。この段階で朝廷から藩へ「通達」する政治関係が成立していたか否かは慎重に判断しなければならないが、この提案は少なくとも玉津島社神主の政治認識を表現していることは間違いない。

なお、この時期の不穏な情勢から紀州藩領内では、禁裏使者の安全確保は現実的問題でもあった。また、玉津島社の動向は文化的宗教的存在から政治的存在に大きく変わる可能性を示していた。

祈禱所造立

慶応四年（一八六八）八月、玉津島社神主高松房生《ふさお》は祈禱所再建費金二〇〇両寄付を求める願書（玉101）を禁裏執次衆《とりつぎしゅう》に対して提出している。以下に主要な点のみを引用する。

……先年享和年中当社御祈禱所一宇造立したき段願い奉り候ところ、……早速取建仕り、境内南の方え造立仕り罷りあり候ところ、元来浜風烈しき場所え、至って手軽の立て方成就仕り候事故、大風雨の節々大損に及び申し候につき、……員数金二百両御寄附下し置かれ候はば、先規よりは大丈《夫》ふに造立仕り、この後難風の損じもござなく、永続仕らせたく恐ながら存じ奉り候間、……御寄附あらせられ候よう御沙汰成し下され、願の通り仰付けられ、御聞済まし成し下され候よう、厚く御取扱の程願い奉り候。已上。

慶応四年辰八月　　玉津嶋社高松河内守㊞

御執次衆中

この主意は、享和《きょうわ》年中（一八〇一～四）に祈願所を境内の南の方に造立したが、強風のため倒壊した。再建したいので金二〇〇両を寄付してほしい。丈夫に造り、永続させたい。聞き届けてほしいとのことである。先に造立した場所は「境内南の方」と記されているが、本社とは少し離れ、今度は参詣者が利用しやすい場所と考えられる。かなりの大金であり、これが実現したか否かは不詳であるが、朝廷の政治的地位向上の中で、実現可能な要望、働きかけであったといえよう。ともあれ、祈願依頼者が増加していることを示している。

短冊虫干し、雲蓋院排除要求

短冊干しは早く寛文五年（一六六五）より始まったが、この人足は和歌村の人たちが担った。年不詳九月一二日の玉津島社が記録した覚（玉95）には、「当社御短冊干につき」、「和歌村人足」一八人を「掃除人足・小遣人足等、跡々の通り村方より請取り、遣い申し候」とある。一八人の内訳は、「掃除人足、水返し等」五人、「樟脳《しょうのう》請取人足」一人、「拝殿洗ふき」二人「社内白《しら》洲《す》（塵）拾ひ」三人、「御掃除」二人、「宝蔵より御長持出し、入、跡片付共」二人、「畳十二畳半拝殿へ敷き込み、幕張りならびに薄縁《うすべり》敷き込み、跡片付共」二人、「勝手小遣人足」一人というようにかなり大がかりであったことがわかる。また文中に「跡々の通り」とあるように、毎年踏襲されてきた。当初六月であったが、何時からか九月に変更されている。

ところで、安永五年（一七七六）短冊干しは次のようであった。まず九月「御短冊干入用の樟脳」供給願いを藩役所へ出し、一一月二七日「御短冊干これあり」と一一月に実施されている。同席者は（大御番頭）渋谷角右衛門・（番頭）松平六郎右衛門・大畑善次郎・（海士郡）郡奉行青木三右衛門・大庄屋松本源之右衛門、で、「（雲蓋院）僧正病気につき宝蔵院《ほうぞういん》名代にて僧正印判持参」とある。つまり雲蓋院は病気欠席であったが、東照宮境内にある宝蔵院が代理で封印を行っていることがわかる（玉15紙背③）。寛文五年の開始以来、この年中行事虫干しを取りしきったのは雲蓋院であり、雲蓋院の封印は幕末期まで続いていた。

しかし、慶応四年（一八六八）九月明治王政復古の直前、同八月に、玉津嶋社神主高松対馬守は藩の寺社奉行に次のような願書を提出した（玉102、下書）。

来ル九月五日、極の通り当社御短冊干定日にござ候。右につき例御封印につき御役人向御出席成られ候。然るところ……当時（今）神仏混淆《しんぶつこんこう》の儀御取調べの折からにつき、そのままにては御不都合の御場合も恐入り奉り候。

……最初御年寄衆内箱御封印《ごふういん》なされ候御廉《かど》もござ候につき、向後御出席被成候御儀にござ候わば、宜しく仰せ立てられ願い奉り候。尤も寛文年中当社勘文《かんもん》に、神前魚物備え進むの事勿論に候旨、卜部兼連相認め、神庫にこれあり候えば、旁《かたがた》以て雲蓋院出席の儀御廃止仰せ付けられ候えば、唯一の社の原因も相立ち、ありがたく存じ奉り候。何分にもこの段宜しく御沙汰成し下され候よう御取扱の程願い奉り候。已上。

要するに、神仏混淆《こんこう》を改めようとしている動きの中で、短冊の納める内箱の封印は雲蓋院でなく藩御役人がしてほしい。祭礼では神前に魚物を供える慣習である。同社行事に雲蓋院を出席させないようにしてほしいと要望している。結果は不詳であるが、排仏の動向、政権移行から実現したと推測される。ただし、暫くして廃藩置県となり、玉津島社は藩や禁裏の後ろ盾を失うこととなる。ちなみに、この頃は九月五日が「極《きめ》の通り」の虫干日と認識されている。

紀州藩の玉津島社経費

江戸期の玉津島社は紀州藩の後ろ盾があって存続したのであった。明治維新期（年不詳）八月、新政府下、紀州藩は経費削減のため、玉津島社への「定式・不時」に下付している金銀額等を調査したが、神主房生は寺社奉行あてに次のような内容の回答をした（玉27）。文中に禁裏を「官」と書いているので維新後と判断できる。なお表記は簡略化している。

春秋二季禁裏御使止宿賄入用、上京路用
　銀二枚
春秋二季禁裏御使下向の節、和歌村方より請取、遣
　人足七〇人程
春秋二季禁裏御止宿の節、下の分夜具、和歌村方より請取、遣
　下の分夜具五人分
九月五日当社御短冊干の節、和歌村方より請取、遣
　人足一八、九人程
御短冊干当日御入用につき、小買物方より
　樟脳一〇両
当社え禁裏御奉納物につき、諸社家幷家内の者共一七ケ日御祈禱中支度料
　銀九枚

銀二四匁八厘　　御修覆の節、御祓執行仕り候入用
金一五両　　官金雑用金、代々官位叙任

銀＝白銀一枚は銀四三匁であるから、二枚は八六匁、九枚は三八七匁、金一両は約六〇匁。樟脳の重さ一両は約三七g。「官金雑用金」とは、代々神主が官位叙任を承ける際の諸経費（貢納金）で、禁裏へ納めるものであろう。金一五両は全体の中では多額を要する項目であるが、神主一代に一回で、おおむね二、三〇年に一回。一年に換算すると金二分（銀三〇匁）程、また和歌村の人足や夜具に対して藩は該当費用を支弁すると思われる。

これらの藩からの支給（＝藩負担）は、明治二年までは続いたが、以後は禁裏からも使者派遣等がなくなり、大きな変化が起きるにいたった（166頁後述）。

新政府下禁裏への借金願い

新政権に移行した直後、明治元年（一八六八）一〇月、神主房生は禁裏執次衆土山淡路守へ金五〇両の拝借願いを提出している。その願書（玉106）によると、「当年雨天つゝ《続》きにて社領地出水仕り候えども、稲作大様みのり申し候」ところ、稲に「なでと申す虫付き、み《実》・わら《藁》ともにか《枯》らし、取米十四石余のところ半納」、という「已前よりも相覚えざる凶作」となった。そこで金五〇両を拝借したい。返済は三月に二両、九月に二両、来年から毎年五両ずつ、一〇年賦で納める。「格外の御救の思召を」としている。

冒頭に、今は「諸品高直の折からにつき、年々不如意《ふにょい》相成りござ候」とある。たしかに、幕末維新期には国内戦争の影響もあり、米価を始め諸物価が高騰していた。玉津島社の社領として三〇石の知行地（この頃取米一四石、免五ツ弱）が与えられているが、諸々の祈禱料以外の収入は安定的にはなかった。幕末には「不如意」であり、他の民衆と同じ状況にに置かれていた。

江戸期では困難、困窮の時には紀州藩の御救いを求めたが、維新政権成立後は新政権に御救いを求めた。一般民

衆では、天皇・朝廷の存在が身近ではなく、そこへ直接御救いを求めることはなかったであろう。しかし、玉津島社にとって禁裏（天皇・朝廷）はきわめて身近な存在であった。その特殊な状況がこのような歎願につながったのである。なお、例年よりの凶作減収分が七石だとすれば、おおよそ三五両程度（畿内の米価一石＝五両とみて）であったと推測されるが、五〇両拝借を歎願しているのは、神主房生の禁裏への過度の期待、依存といえよう。そのような状況がこの頃生まれていたことに注目しておきたい。ただしその期待は直ぐに裏切られることとなる。

神祇官《じんぎかん》直支配願い

この借金歎願と同時期、明治元年（一八六八）一〇月に、神主房生は紀州藩に対して新政府神祇官《じんぎかん》直支配願いの取次を願い出ている。その願書（玉103）を紹介しておこう。神祇官は同年閏四月の政体書《せいたいしょ》公布により、太政官の下に設置された。その半年後の動きである。

願い上げ奉る口上

玉津嶋社の儀は、禁裏御由緒もあらせられ候社の儀につき、南龍院（徳川頼宣）様思召をもって御取建遊され、社領御附け遊ばされ候社柄にござ候、……向後玉津嶋社の訳柄をもて、この度神祇官御直支配仰せ付け下され候よう、恐れながら中納言（徳川茂承）様御願い立て遊ばせられ、願の通り仰せ付け下され候わば、これ迄格別の訳柄をもって、禁裏御所御尊敬もあらせられ候廉も相立ち、この上ながら御由緒柄も相耀き、当社においていかばかりありがたく畏み奉り候間、何分宜しく仰せ立てさせられ下され候よう、この段御沙汰の御儀、出格の御取扱の程、偏に願い上げ奉り候。以上。

明治元年辰十月　玉津嶋社神主高松対馬守

主意は、玉津島社は禁裏由緒があり、南龍院（徳川頼宣）が社領を寄付した「社柄」（格）である。この「訳柄」＝事情により新政府下では神祇官直支配を命じられるよう、紀州藩主（第一五代茂承《もちつぐ》）から新政府へ「願い立て」ていただいたなら、禁裏の「御尊敬」を得る理由ともなり、紀伊徳川家の「由緒」＝立場が輝くことになる。かつ玉津島社にとってもありがたいことである。直支配となるよう特別の取扱を御願いする、という内容である。

注目すべきは、新政府・禁裏を中心にすえ、紀州徳川家の立場が良くなると持ち上げて取次を依頼していることである。幕府の地位転落、紀州徳川家の劣勢を活用するという、かなり政治的な行動がとられている（傍線部）。なお、先にみた紀州藩寺社奉行への出願とこの藩への取次依頼の二通は、ともに神主髙松対馬守という名で出されている。いずれも藩に対して（本心では）やや足許をみた観のある強い態度で臨んでいることも共通している。

果たして対馬守は誰か。筆跡をみると河内守房生と同一である。すなわち、房生が受領《ずりょう》官職名（国名）を使い分けたと理解される。前出文久元年の和宮江戸下向安全祈禱の出願者髙松日向守も房生の文字と酷似している。これも使い分けの可能性がある。房生は、情勢が激動する幕末維新期に、独自の情報収集と自己の状況判断で、自社の存続・発展をめざして、果敢に政治的な行動を行ったのである。

新政府下和歌山藩との関係

明治四年（一八七一）の七月一四日（旧暦、後採用の新暦では八月二九日）に和歌山藩が廃止され、和歌山県が設置された（廃藩置県）。その一年前、明治三年五月に次のような契約書（玉105）が交わされた。

御約定書御取り替せ一札の事

一当社境内の内西側、蝦蟇《がま》の岩より陽照院（大相院）下寺際迄の地形、此度御別荘御取り建て成され候につき、別紙樹木石等残らず、御屋鋪御持成され候限り、右の地形御貸し申し上げ候間、この段一札差し上げ置き申し候、よって後日のため件の如し。

明治三年午五月　　玉津嶋社神主　髙松河内

津田従五位様　御用人衆中

これは玉津島社の境内地の一部を、新政府下和歌山藩大参事津田出《つだいづる》の別荘屋敷に提供（貸与）するという契約書である。該当の「地形」とは、土地に加え、樹木・石等の有姿一切を含む意味である。ではその土地はどこか。境内地の内、西側の「蝦蟇《がま》の岩より陽照院《(大相院)》下寺際迄」である。

「蝦蟇《がま》の岩」に該当する岩は不詳であり、西際が「陽照院下寺」（＝大相院、現在の雲蓋院の場所）であるから、現在の和歌山県公館辺りであろう（「蝦蟇の岩」は奠供山をさすのかもしれない）。津田は当時の紀州の最高権力を保持する人物である。どのような経過で屋敷地を提供することになったか不詳であるが、神主房生から働きかけた可能性も否定しきれない。

春秋祭礼使者の終了

明治三年一一月提出の「（玉津島神社由緒書）」（玉29）には（祭礼御祈禱・玉串献上）「右等の儀につき御取扱の儀、宮内省《くないしょう》より仰せ出され候」、これまで「典侍《すけ》さまよりの御文を以って申付けられ候へども、当年三月の散《(去カ)》祭礼より右御文これなく」云々とある。春秋祭礼への禁裏使者派遣が、永年典侍からの「御文」（女房奉書）によって玉津島社へ伝達されてきたのであるが、当年（明治三年）よりこの「御文」の発給がなくなった。なお、宮内省の指示は不詳である。

一方、明治二五年（一八九二）の「紀伊国海部郡和歌村玉津島神社由緒幷宝物帳」（玉43）には「玉津島社え明治四年三月中卯祭礼迄、年々三月九月宮内省より勅使あらせられ」と記されている。すなわち同一九年「宝物目録」にも（これを踏襲して）「年々三月九月宮内省より御使あらせられ、幣帛《へいはく》料御神献」と記されている。すなわち使者派遣は明治四年三月祭礼で終了となった。このような江戸期の確立された玉津島社と禁裏との直接関係はなくなり、房生が期待した新政府・禁裏との深い関係は成立せず、政治的関与の道は断ち切られた。

明治期の姿―おわりに

廃藩置県後、同社は「第二大区四小区海部郡　和歌村　村社　玉津島神社」（玉30、明治七年以降「由緒書」）として明治近代に、地域の和歌村の支えにより存続してゆく。

高松房生は新しい明治国家の神祇官《じんぎかん》体制の中で、一時期、明治六年（一八七三）に「神官《しんかん》」、同七年に「神権訓導《しんけんくんどう》」兼務となった。明治九年には（第二大区四ノ小区）「和歌村玉津島社祠掌《ししょう》」となっている（玉33「寄附物調帳」）。翌同一〇年一〇月和歌山県令神山郡廉《こうやまくにきよ》に提出した「玉津島神社営繕《えいぜん》願」（玉34）には「玉津島神社世話人　津本弥六・長沢正利」と並んで「玉津島神社祠掌　高松勢治（二）郎」と記されており、代替わりとなったこと、世話人の役割が大きくなったことが知られる。世話人はこの他、中野姓が二人、鈴木姓二人、玉置姓一人合計七人であった（玉35「玉津島社営繕願済指令写」）。

右営繕願は翌年一一月和歌山県から許可されるが、その指令には「有信の輩より随意寄進致し候策は苦しからず候えども、誘導勧化《かんげ》がましき儀は相成らず候事」と注意が喚起されている。要するに信者が進んで寄付することは構わないが、「誘導勧化」（半強制）は禁止と釘が刺されている。この指令に対して明治一三年に「玉津島神社祠掌教導職試補《きょうどうしょくしほ》」高松勢二郎、「神社崇敬《すうけい》人総代」中野九兵次・津本弥六・戸長玉井玉七が署名した誓約書を提出した。玉津島社は地方自治制度戸長体制の中に組みこまれた。誓約書提出より先、明治一二年一一月「能登丁内・東長町中」（二円五〇銭余）や、三浦権五郎（二円）、津田出（一円）などの旧家臣層を中心に、小口（一銭）を含む一〇〇人以上が、同社営繕のため寄付金を寄せた（玉36「玉津嶋社営繕御寄進名前録」）。津田は別荘地をかりており、三浦は江戸期に藩主の名代を務めた重臣である。江戸期の流れで慕金が行われている。

ついで明治二一年八月三日の暴風（台風）で玉津島社の「神殿始（初）めその他大破崩壊」となった（玉40「御届」）。同年一一月から祠掌高松勢二郎と、「発起人惣代」（鈴木定右衛門ほか和歌村の一五人）が修繕寄進を集め始めた。大阪に出ている内海清兵衛（六円四六銭）や、その縁者福田常二郎らが周旋して合計一一円四六銭を集めた寄付金名簿が残されている（玉39「玉津島神社修繕寄進名簿」）。この寄付金「緒言」（＝趣意書）は活字印刷され、多方面に配布された。寄付金合計は不詳であるが、この拠金で玉津島神社「（再築）御届」が明治二二年二月に和歌山県知事宛に出された。

この寄付金は和歌村住民が主体となって強力に推進された。もはや江戸期の同社を支える仕組みからはっきりと脱却していたといえる。ここに、現代につながる近代の玉津島神社が生まれた。

和歌の浦全体の近代化の過程は、天満宮の中世から続く近世の歩み（民衆的世界）、武家世界と民衆世界をつなぐ東照宮の近世の新しい歩みを含めて検討すべきであるが、玉津島・玉津島社の歴史を検討することによって大筋は概観できたのではないかと考える。

近世（江戸期）を通じて、和歌の浦・玉津島の景観は少しづつ変容しつつも維持され、文化は発展し、民衆化した。そして、近代の政治環境は劇的にかわった。

[収録写真・図版一覧]

[表紙（カバー）]「和歌浦図」狩野古信《ひさのぶ》筆　玉津島神社蔵　本文60・121・122・126・127頁

[前見返し]

図１　和歌浦地域の古代地形　国土基本図より著者作成　本文７・8・10・17・37頁

[口絵]

写真１　明治40年（1907）頃の奠供山《てんぐさん》（南面）　岡村宗助氏撮影・岡村宗彰氏蔵　はじめに・本文６頁

写真２　玉津島神社正面（東向）　著者撮影　はじめに・142頁

図２　『西国巡礼道中笑草』の一部（福富半兵衛筆　文久３年〈1863〉）和歌山大学紀州経済史文化史研究所蔵　本文115頁

図３　「和歌浦名所記」刷り物（18世紀後半～19世紀前半）和歌山市立博物館蔵　本文118頁

図４　「東照宮縁起絵巻」第五巻（住吉如慶筆　正保３年〈1646〉）紀州東照宮蔵　本文120・121頁

図５　「和歌の浦図」（名古屋城本丸対面所襖絵　狩野甚之丞筆　慶長19年〈1614〉）名古屋城総合事務所蔵　本文41・46・119頁

図６　「和歌浦図屏風」２曲１双（作者不詳　万治３～寛文11年〈1660～71〉）和歌山市立博物館蔵　はじめに・本文126・136頁

図７　「若浦図巻」（桑山玉洲筆　天明２年〈1782〉）個人蔵　はじめに・本文122・126・127・138頁

図８　「和歌浦図屏風」６曲１双（作者不詳　17世紀前半）和歌山大学紀州経済史文化史研究所蔵　本文125頁

図９　「玉津島社絵図幷和歌名所」刷り物（竹翁作　文化８年〈1811〉再版）版木は玉津島神社蔵　和歌山市立博物館蔵　はじめに・本文118・136～138頁

図10　「和歌浦真景名草山登臨之図」刷り物（淵上旭江画　嘉永４年〈1851〉以前）和歌山市立博物館蔵　本文118・123頁

図11　「紀州和歌浦之図」淡彩刷り物（岩瀬広隆画　嘉永４年〈1851〉）個人蔵　本文123・137・154・156頁

図12　「和歌浦玉出嶋社之図」刷り物（近世後期〈1832～〉）玉津島神社蔵　版木も同社蔵　本文140・153・154頁

図13　「紀伊国和歌浦勝景」（扇面）刷り物（嘉永４年〈1851〉以降）和歌山大学紀州経済史文化史研究所蔵　版木は玉津島神社蔵　本文118・154・156頁

[本文]

図14　中世玉津島への道（推定図）付、近世の道　本文39頁

図15　和歌の浦、山々の位置図　本文139頁

[後見返し]

図16　吹上・雑賀・和歌浦地域の古代地形　国土基本図より著者作成　本文１・2・16・20・38頁

図17　日下雅義古代地形図（同氏『古代景観の復元』中央公論社1991年より転載。一部改変）　本文１～3・21頁

あとがき

はじめにでふれた「和歌の浦」の日本遺産登録は短期的な観光のためという性格をもっており、その指定や関連事業で価値が生まれるのではない。歴史文化遺産としての価値は永い歴史の中で形成されたものであり、事実を深く掘りおこすことで、価値が再発見され、それを人々が承けつぎ、価値がさらに増進されてゆくものである。地域の歴史文化遺産が、ややもすれば一面的イメージに寄りかかり、あるいは一部だけが切り取られ商品化され、消費される危険性がないとはいえない。観光によって多くの人々に歴史・文化が享有され、普及されるとともに、絶えず歴史イメージを見直し、再発見を付け加えてゆくことによって観光対象が豊かになってゆくようなあり方が望まれる。歴史・文化・文化財は人や社会を豊かにし、人や社会とともに成長するもので、消費対象ではない。

それまで問題とならなかった事実が注目され、解明され、新しい歴史像となる。この知的作業は断然面白いのである。このような歴史や文化・文化財のある観光地は、きっと訪れる人にも常に新鮮な感覚をもたらすであろう。

和歌の浦について関心を持ち、古文書・古記録・古写真を調査し始めてちょうど三〇年、玉津島神社の古文書を拝見してから二九年が経つ。ようやく一つの歴史イメージを市民へ提供することが出来たように思う。和歌の浦に関わる地名、地形、もろもろの知識や史料等を多くの方がたから教えて貰いながらここまで来た。その内、実に多くの先輩・同輩の方々が鬼籍には入られ、時の流れを感じざるを得ない。ささやかながら、我が人生の知的労力をこのテーマに注いできたことは間違いない。有益であり、充実していたと確信する。

典拠および関係文献

1久保田啓一「江戸冷泉門と成島信遍」(『近世文学』四四巻、一九八六年)

2小山靖憲「中世の参詣記に見る和歌浦」（『和歌山地方史研究』一七、一九八九年八月）
3藤本清二郎「近世和歌の浦の歴史景観—その形成と変容過程—」（同右）
4高橋克伸「絵画に見る近世和歌浦の景観変遷」（同右）
5藤本清二郎「近世玉津島社をめぐる紀州徳川藩と朝廷」（『紀州経済史文化史研究所紀要』第一一号、一九九一年八月）
6村瀬憲夫『万葉　和歌の浦—若の浦に潮満ちて—』（求龍堂、一九九二年一月）
7和歌山県立博物館編『和歌浦　玉津島神社—名宝・歴史・風景—』（一九九二年一〇月、高橋修氏担当）
8鶴崎裕雄・佐貫新造・神道宗紀共著『紀州玉津島神社奉納和歌集』（玉津島神社発行、一九九二年一一月）
9栄原永遠男「和歌の浦と古代紀伊—木簡を手がかりとして—」（薗田香融監修『和歌の浦　歴史と文学』（和泉書院、一九九三年）
10廣岡義隆「赤人の若の浦讃歌」（同右）
11柏原卓「近世和歌浦名所の文学とことば」（同右）
12柏原卓『和歌浦物語』（和泉書院、一九九六年七月）
13伊藤信明「日前・国懸宮の応永六年神事記について」（『和歌山県立文書館紀要』第七号、二〇〇二年三月）
14海津一朗「『文明十一年　飛鳥井殿下向之儀式』—惣国の風景—」（『和歌山地方史研究』四六、二〇〇三年一〇月）
15畑　麗「将軍吉宗の美術志向」（『狩野派の十九世紀—江戸城を彩る—』、二〇〇四年三月）
16和歌山市立博物館編『’05秋期特別展　和歌浦《わかのうら》—その景とうつりかわり—』（二〇〇五年一〇月、額田雅裕氏担当）
17米田頼司「名古屋城障壁画に描かれた和歌浦天満宮とその社頭」（和歌山大学紀州経済史文化史研究所編『和歌浦天満宮の世界』（清文堂出版、二〇〇九年一月）
18米田頼司『和歌祭—風流の祭典の社会誌』（帯伊書店、二〇一〇年一一月）

19久保田啓一「成島信遍年譜稿（十二）」（『広島大学大学院研究科論集』第七〇巻、二〇一〇年）
20前田敬彦「和歌浦周辺の遺跡と遺物から見えてくるもの」（和歌山大学紀州経済史文化史研究所編『和歌の浦─その原像を求めて─』（清文堂出版、二〇一一年九月）
21伊藤信明「天野社・日前宮と玉津島」（同右）
22海津一朗「惣国の風景から和歌祭の風景へ」（同右）
23須山高明「『和歌名所記』の成立」（同右）
24薗田香融・藤本清二郎著『増補 歴史的景観としての和歌の浦』（ウイング出版部、二〇一三年一二月）
25藤本清二郎「稲掛大平『玉鉾百首解』と玉津島社高松房雄」（『和歌山地方史研究』六九、二〇一五年一一月）
26藤本清二郎「近世天皇・上皇の初穂奉納、使者派遣」（『和歌山市史研究』四四、二〇一六年三月）
27村瀬憲夫・三木雅博・金田圭弘『和歌の浦の誕生─古典文学と玉津島社─』（清文堂出版、二〇一六年四月）
28和歌山市立博物館『特別展 玉津島─衣通姫と三十六歌仙─』（二〇一六年七月、小橋勇介氏担当）
29和歌山大学紀州経済史文化史研究所編『紀州地域と西国順礼』（特別展図録、二〇一七年一一月、大橋直義氏担当）
30藤本清二郎「古代玉津島の地形環境と近世「奠供山碑」」（『和歌山地方史研究』七七号、二〇一九年七月予定）

本文中で史料を多く引用した「玉津島神社文書」は一九九一年に筆者が初めて整理した。この時作成した目録で番号を付した。その後、同文書群は和歌山市立博物館に寄託保管され、新規に番号がつけられているが、筆者の番号と照合することができる。この文書群は、同神社所蔵和歌資料とともに和歌山市の文化財に指定されている。古文書や絵画等の資料閲覧、本書掲載について、玉津島神社を初め関係各位に心から感謝します。また出版事情の悪い中、本書刊行をお引き受け下さった和泉書院社長廣橋研三氏および編集担当社員の皆様に感謝申し上げげます。

■著者紹介

藤本清二郎（ふじもと・せいじろう）

1949年　兵庫県生まれ
1978年　広島大学大学院文学研究科博士課程後期単位取得退学
1998年　博士（文学）（広島大学）
2014年　和歌山大学（教育学部）退職
現在　和歌山大学名誉教授

主要編著書

『和歌の浦　歴史と文学』（共編著）和泉書院　1993年
『和歌の浦百景　古写真で見る「名勝」の歴史』（編著）東方出版　1993年
『和歌山・高野山と紀ノ川　街道の日本史35』（共編著）吉川弘文館　2003年
『近世身分社会の仲間構造』部落問題研究所　2011年
『増補版　歴史的景観としての和歌の浦』（共著）ウィング出版部　2013年
『城下町世界の生活史　没落と再生の視点から』清文堂出版　2014年
『紀州藩主 徳川吉宗　明君伝説・宝永地震・隠密御用』吉川弘文館　2016年

和歌《わか》の浦《うら》・玉津島《たまつしま》の歴史

―その景観・文化と政治―

シリーズ 扉をひらく 5

二〇一九年六月二五日　初版第一刷発行

著者　藤本清二郎

発行者　廣橋研三

発行所　和泉書院

〒543-0037　大阪市天王寺区上之宮町七―六
電話　〇六―六七七一―一四六七
振替　〇〇九七〇―八―一五〇四三

印刷・製本　亜細亜印刷

装訂　仁井谷伴子／定価はカバーに表示

ISBN 978-4-7576-0913-6 C1321

薗田香融 監修　藤本清二郎・村瀬憲夫 編
和歌の浦―歴史と文学―
■B6・二八〇頁・本体二五〇〇円

千三百年にわたる長い歴史と文化の蓄積をもつ和歌の浦について、古代から近代にいたるまでの全時代を対象として、歴史と文学の両面から、分かりやすく説いている。

鶴﨑裕雄・小髙道子 編著
歌神と古今伝受
■A5・三二八頁・本体三〇〇〇円

歌神と歌道についての学際的研究の成果。歌神に対する信仰と歌道、歌神と地域との関り、猪苗代家の古今伝受等、多岐にわたる分野の論考を収録。

黒木祥子・小林賢章・芹澤剛・福井淳子 編
現代語訳付 説経 かるかや
■A5・一二〇頁・本体一五〇〇円

説経の代表曲「かるかや」の大活字テキスト。寛永八年刊の正本を底本とし、詳細な注釈を付け、詞章の言語的側面について解説や参考文献を付した。

信多純一・川崎剛志 著
現代語訳 完本 小栗
■A5横本・一二〇頁・本体二〇〇〇円

古典の名作、小栗判官と照天姫の物語を、伝岩佐又兵衛作の宮内庁三の丸尚蔵館蔵の絵巻を元に精確に現代語訳。絵巻の図版を多数収録。

浦西和彦・半田美永 編
紀伊半島近代文学事典　和歌山・三重
■A5・三〇七頁・本体三八〇〇円

明治以降、多くの作家が創作の場を東京に求めながらいかに故郷への愛憎をひきずりつつ文学に専心していたことか。本事典は紀伊半島を核に、近代文学の様相を見渡す。

（定価は表示価格＋税）

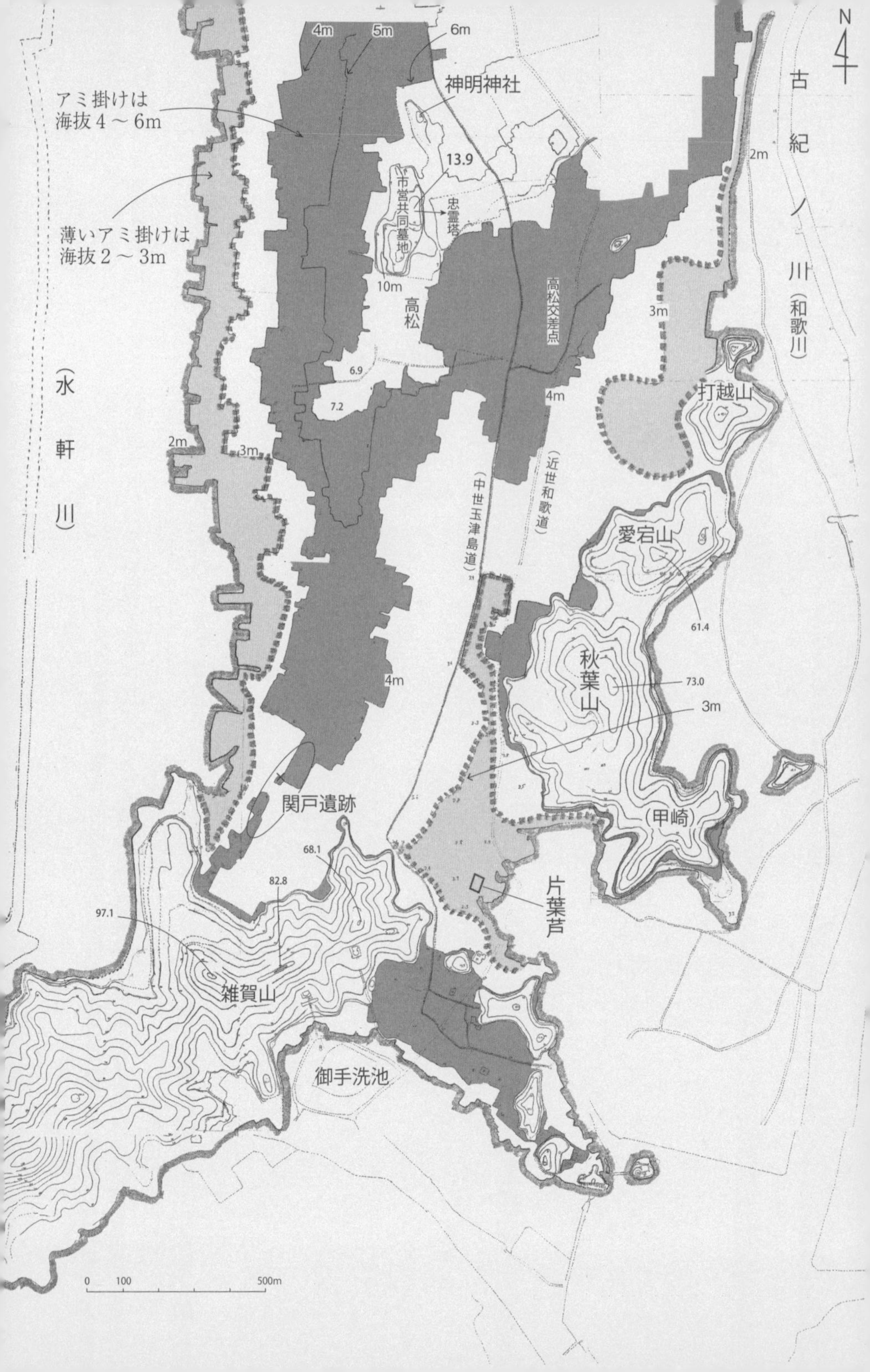

N
4m
5m
6m
神明神社
アミ掛けは
海抜4～6m
薄いアミ掛けは
海抜2～3m
13.9
市営共同墓地
忠霊塔
10m
高松
6.9
7.2
高松交差点
古紀ノ川（和歌川）
2m
3m
打越山
4m
（水軒川）
2m
3m
（近世和歌道）
（中世玉津島道）
愛宕山
61.4
秋葉山
73.0
4m
3m
関戸遺跡
（甲崎）
68.1
82.8
97.1
片葉芦
雑賀山
御手洗池
0
100
500m

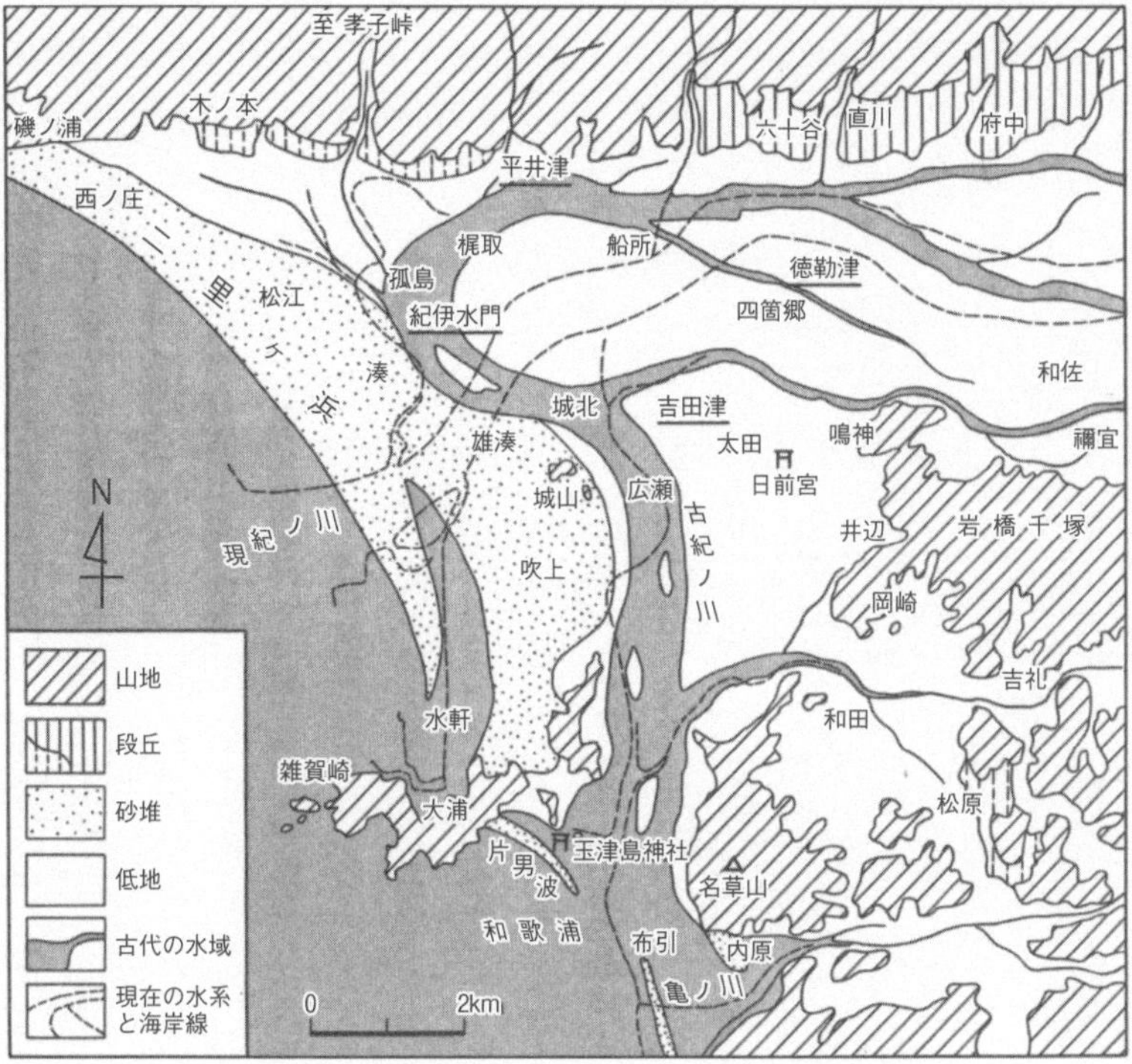

図17　日下雅義古代地形図　本文1～3・21頁参照
（『古代景観の復原』中央公論社 1991 年より転載、一部改変）
＊古紀ノ川の河流は現和歌川。図中の地名等は現在使用のもの。

図16　吹上・雑賀・和歌浦地域の古代地形（推定復原
（国土基本図をもとに著者作成
本文1・2・16・20・38頁参
＊数字は海抜
共同墓地周辺の実線は7～12m等高
山部実線は海抜10mから10m単
破線は道・川筋等の現地